L'ISLAM FRANCOPHONE

Maghreb et Afrique de l'Ouest

Abdeslam EL FARRI

L'ISLAM FRANCOPHONE

Maghreb et Afrique de l'Ouest

L'Harmattan

5-7, rue de l'École-Polytechnique ; 75005 Paris
http://www.librairieharmattan.com
diffusion.harmattan@wanadoo.fr
harmattan1@wanadoo.fr
ISBN : 978-2-336-00302-3
EAN : 9782336003023

Dédicace

A ma femme Naïma, pour avoir cru en moi,
A la mémoire de mes parents,
A Abdelkader,
A ma famille…

Sommaire

Au rythme actuel, l'Afrique n'atteindra pas l'objectif de réduction de moitié de la pauvreté avant 2147 » Programme des Nations Unies pour le Développent (PNUD), 2 Juillet 2004.

Introduction

Bref aperçu historique.

En dépit de ses énormes richesses humaines et naturelles, l'Afrique est considérée comme le continent le plus pauvre de la planète. De part et d'autre du Sahara, la sécheresse plane toujours, la malnutrition et la pauvreté qui conduit à la prostitution à grande échelle et à bas prix sévissent encore; l'Afrique, c'est aussi l'analphabétisme, le sida qui constitue aujourd'hui une arme de destruction massive, la corruption et les guerres tribales qui continuent à faire des victimes, l'extrémisme religieux et le terrorisme qui expriment une extrême pauvreté intellectuelle et un refoulement exacerbé et brutal…

Il y a plus d'un demi-siècle maintenant que la majorité des pays africains ont retrouvé leur indépendance. On aimerait savoir si la libération des territoires et le départ du colonisateur est tout ce qu'il fallait pour que le continent jouisse d'une véritable autonomie et rendre au citoyen sa fierté. N'est-il pas déjà temps, après une cinquantaine d'années d'indépendance, d'analyser les implications de tant d'années sur l'ex-colonisé africain et les raisons socioculturelles de l'échec des politiques postcoloniales ? « Il serait maintenant plus fructueux d'analyser pourquoi les décolonisations n'ont guère réussi jusqu'ici. » (Albert MEMMI, *Portrait du décolonisé* 37)

Curieusement, ce sont surtout les pays musulmans et ceux à majorité musulmane, parmi les pays africains, qui parait-il, jouissent de plus d'intérêt chez les chercheurs et les spécialistes dans le domaine de la sociologie et des études postcoloniales ; et ce, en raison de la conjoncture religieuse qui fait aujourd'hui de l'Islam la religion la plus en question.

Certes, les séquelles de l'époque coloniale sont encore d'actualité et empêchent les peuples anciennement colonisés de jouir d'une véritable indépendance. Le colonisateur n'aurait en fait, rapatrié ses troupes et son arsenal militaire à la métropole qu'après s'être rassuré de l'aliénation du colonisé. Aussitôt le pays libéré, l'affranchi africain s'est aperçu qu'il n'était pas maître à part entière de son propre destin. L'indépendance pour laquelle il a tant sacrifié s'est avérée n'être qu'une sorte de cadeau empoisonné. Aussi bien au niveau de la pensée qu'au niveau des exigences de tous les jours, sa dépendance vis-à-vis du colon et de la puissance coloniale se faisait de plus en plus ressentir. C'est l'ère du néocolonialisme. Tout ce qui peut faire de l'indigène un être autonome, maître de son destin a été systématiquement combattu et falsifié ; ''bâtardisé'', dirait le romancier Ivoirien Ahmadou Kourouma: Identité culturelle, identité religieuse, identité linguistique, autonomie économique, souveraineté politique…

Ces mêmes puissances internationales qui aujourd'hui exhortent les ex-colonies africaines à faire preuve de dynamisme politique et de plus d'ouverture sociale sont celles-là même qui y avaient institué, durant l'époque coloniale, la corruption et le parti unique, responsable de l'immobilisme et de l'échec des indépendances africaines, et nourri les clivages sociaux et les guerres tribales. Le parti au pouvoir a toujours bénéficié du soutien de l'État colonial, tantôt par l'orchestration de coups d'état et l'élimination des opposants, tantôt par l'intervention militaire et la validation d'élections truquées. Souvent, à fin de pérenniser le statu quo, ce même État recourt à l'hébergement de personnalités politiques parmi les décolonisés qui seront prêts à prendre le pouvoir dès que les intérêts coloniaux sont mis en jeu.

Cependant, le colonialisme européen ne serait pas le seul responsable du marasme et des ratages des politiques africaines. Certes, « (Le colonisé) a été arraché de son passé et stoppé dans son avenir » (Albert MEMMI, *Portrait du colonisé* 143) , sa culture et sa langue assassinées... Mais les famines, les épidémies et la corruption ont toujours existé en Afrique. En plus, la colonisation a eu lieu bien après la chute de l'Andalousie et la décadence du monde arabo-musulman. Les facteurs du retard qu'accuse le continent seraient donc à chercher ailleurs, pas uniquement dans l'incrimination de la colonisation. La politique postcoloniale qui continue à prendre en otage toute une génération africaine en est un. L'impact dans les traditions et les mœurs locales des différents mouvements migratoires de et vers l'Afrique, et surtout la place de choix qu'occupe l'héritage socioculturel arabo-musulman doivent aussi être pris en considération. L'Islam ne représentait-il pas la bannière sous laquelle s'organisait la lutte (*Al-Jihad dans le sentier d'Allah*) pour l'indépendance ? Que l'Islam soit devenu Ipso facto religion officielle de l'Etat nouvellement indépendant, à notre avis, n'a rien de surprenant. Ce n'était point un pur choix comme le laisserait entendre cette citation par Albert Memmi :

> Comment ne pas constater que la plupart des nations ex-colonisées s'empressent, aussitôt libres, d'inscrire la religion dans leur constitution ? (Albert MEMMI, *Portrait du colonisé* 56)

Il a été aussi dicté par une cohabitation (certes, pas toujours facile) entre diverses croyances locales, héritage d'ères civilisationelles différentes, et l'Islam, arrivé en Afrique vers la fin du VIIème siècle avant de s'y implanter définitivement pendant le règne des Almoravides à partir du IXe siècle.

La question qui continue à intriguer, à ce niveau, un bon nombre de penseurs, en particulier ceux parmi les pays musulmans, est celle de savoir si le pouvoir politique et le pouvoir religieux peuvent conjointement gouverner sans que l'un ne nuise à l'autre. Ou, au contraire, faut-il séparer les deux instances et préconiser la laïcité ?

Cette multitude de questions et de sentiments partagés d'appartenances culturelles renvoie à une crise identitaire chez l'ex-colonisé arabo-musulman qui tout en aspirant à plus d'ouverture politique et sociale, craint pour son Islam. Cela est d'autant plus dramatique qu'il lui arrive, face à un même phénomène d'ordre religieux, linguistique ou culturel, d'adopter des attitudes ambivalentes et contradictoires, selon qu'il puise ses actes de son héritage musulman ou de son héritage colonial.

Une fois, à l'aéroport, mon père, fquih[1] et imam[2], fut stupéfait de voir de près un Boeing appartenant à la compagnie aérienne saoudienne : « Il n'y a de véritable pouvoir que celui d'Allah, me dit-il, comment fait un tel appareil pour voler très loin dans le ciel avec tout ce monde à bord ? C'est que légendes tout ce qu'on nous a appris au m'sid (École coranique). Le Coran dit : 'Et les chevaux, les mulets et les ânes, pour que vous les montiez, et pour l'apparat !' (XVI : 19) » . S'apercevant aussitôt de son blasphème, il se rattrapa :

> Oui, mais attends, Allah a aussi dit tout de suite après ce même verset : « Et Il crée d'autres choses dont vous ne soupçonnez même pas la nature » Tout est dans le

---

[1] Qui connait le Coran par Cœur.
[2] Qui guide les prières en groupe.

> Coran, fils. L'avion fait partie de ce que nous ne savions pas. L'idée était là certainement, il y a quatorze siècles, mais le besoin ne s'était pas encore présenté. Certes, l'avion est une œuvre de l'homme, mais sans la volonté et l'assistance d'Allah qui a daigné lui transmettre un peu de Son Savoir, l'homme n'arriverait jamais seul à fabriquer un tel appareil.

Aussi, mon père réaffirmait le pouvoir absolu d'Allah après avoir douté des légendes apprises à l'école coranique.

Problématique.

Ce scepticisme prudent qui souvent, prend la forme d'une dualité dans le cœur du croyant trouve son explication dans certains textes coraniques litigieux, sujets de controverse. Selon la religion, l'homme n'a aucune emprise sur le cours des événements. Allah seul peut fixer le destin des humains et des choses, empêcher un malheur, détourner une catastrophe, enrichir et appauvrir... Le bien étant l'œuvre d'Allah, le mal est l'œuvre de l'homme. Une telle dichotomie a toujours intrigué le croyant. Faut-il se résigner et laisser le destin accomplir son œuvre ou, au contraire, faut-il réagir à l'ordre préétabli et tenter de dominer son destin sans pour autant fâcher Dieu? Or, le Musulman sait de par son éducation qu'une telle manœuvre est vaine car vouée à l'échec dès sa naissance. Le Texte est catégorique : « Cependant, vous ne saurez vouloir; à moins qu'Allah veuille. » (IV,80) Pourtant, dans les milieux traditionnels arabo-musulmans, la parole du marabout, du charlatan et du fquih non seulement côtoie le Verbe mais souvent elle l'évince. Ainsi, les prédictions de la voyante (*chouafa*) sont plus rassurantes, croit-on, que tout le Discours divin; à elle seule, une amulette portant un petit verset coranique et des formules incompréhensibles est capable de faire des miracles.

Le féticheur, le fquih, la voyante, le sorcier (encore mieux quand il est Juif) sont tous des substituts d'Allah à portée de main. A eux, le croyant confie ses peines et ses malheurs dans l'espoir d'un soulagement rapide à son malaise que ses prières n'ont pu lui amener.

Le repliement du décolonisé arabo-musulman sur ses valeurs refuges traditionnelles et surtout sur l'Islam ou ce que certains croyants s'imaginent être l'Islam, a amené de nombreux critiques à penser que l'Islam est incompatible avec l'esprit moderne, au moment où d'autres (mon père en est un) pensent que l'Islam, en tant que dernière religion monothéiste, transcende et le temps et l'espace. Dans l'Islam, il y aurait du moderne. Notons d'ailleurs que la première contradiction dont souffre le croyant est non pas celle qui oppose aujourd'hui l'Islam à la modernité, mais c'est celle qui oppose (ou semble opposer), au sein même de l'Islam, deux enseignements coraniques entre eux, versets susceptibles d'être différemment interprétés; sans oublier celle qui a toujours opposé le discours divin au discours satanique. On croit en Allah comme étant l'Unique Maître de l'univers, mais on croit parallèlement, à toute autre force qui prétend pouvoir apporter au croyant le confort, la santé et la paix que ni sa piété, ni sa pureté jusqu'aux ongles n'ont pu lui garantir.

« Le roman, dit Stendhal dans *Le rouge et le noir*, c'est un miroir que l'on promène le long du chemin » ; cette définition s'applique parfaitement au roman maghrébin et subsaharien qui se veulent être le reflet d'une réalité agressive et difficile à vivre pour le citoyen, mais combien fascinante pour le lecteur étranger; c'est pourquoi nous avons choisi d'illustrer cette dure réalité de l'ex-colonisé arabo-musulman avec ses contradictions et son comportement ambivalent à travers l'étude de quelques romans francophones d'auteurs africains. Ce genre littéraire est considéré, en plus, comme le genre de prédilection des écrivains francophones comme au Maroc, en Algérie, en Tunisie, au Sénégal, en Côte d'ivoire et d'autres pays des deux côtés du Sahara. Notre choix a porté sur ces pays du fait qu'ils partagent tous presque le même passé colonial, le même héritage religieux, les mêmes rites et les mêmes traditions et poursuivent aussi presque tous la même la politique linguistique et culturelle qui admet la supériorité de la langue et de la culture coloniales face aux langues et aux cultures locales.

Nous avons centré notre étude sur des textes maghrébins comme *Le passé simple* de Driss Chraïbi, publié à la veille de l'indépendance du Maroc et considéré un texte fondateur qui inaugure la révolte contre l'ordre préétabli et contre l'arbitraire du père, *Messaouda* d'Abdelhak SERHANE, publié une trentaine d'années plus tard, où l'on retrouve, à quelques différences près, le même esprit contestataire que chez Chraïbi, et *La répudiation* de Rachid BOUDJEDRA qui est en quelque sorte une réécriture sous une perspective psychanalytique du *passé simple.*

De l'Afrique subsaharienne, nous avons retenu *Une si longue lettre* de Mariama BÂ qui aborde de l'intérieur les pour et les contre de certaines pratiques sociales attribuées souvent à tort à l'Islam, telle la polygamie, *L'aventure ambiguë* de Cheikh Hamidou KANE qui porte le débat sur la problématique religieuse et sur la cohabitation entre Islam et modernité à un niveau souvent philosophique, et *Les soleils des Indépendances* d'Ahmadou KOUROUMA qui, dans un style mêlant presque tous les registres littéraires (comique, satirique et souvent pathétique) expose les difficultés des personnages à gérer les différences entre croyances locales et croyances religieuses. Ces romans mettent la société africaine des indépendances face à toutes ses contradictions : confessionnelles (Islam vs rites et croyances) , linguistiques (l'arabe et ses dialectes vs le français) , sexuelles (sexualité licite régie par les instincts débridés des mâles)

D'autres ouvrages me serviront d'outils d'analyse. Les deux grands essais sociologiques du Franco-Tunisien Albert MEMMI, *Portrait du colonisé suivi de Portrait du colonisateur* et *Portrait du décolonisé arabo-musulman et de quelques autres* me paraissent incontournables pour traiter la problématique coloniale. La question sexuelle en Islam sera abordée avec l'appui de deux grands essais maghrébins, à savoir *La Femme dans l'inconscient musulman* de Fatna AÏT SEBBAH et *La sexualité en Islam* d'Abdelwahab BOUHDIBA ainsi que celui de Christian COULON, *Les Musulmans et le pouvoir en Afrique noire* et de Louis-Vincent THOMAS, *Les Religions d'Afrique noire. Textes et traditions sacrés.* La portée psychanalytique des rites africains sera examinée grâce à l'oeuvre de Sigmud FREUD.

Le champ littéraire devient donc un moyen de mise en garde contre le malaise social africain et contre les dérives de ceux à qui profite le statu quo politico-religieux. Informer, revendiquer et dénoncer sont les grandes orientations du discours littéraire africain d'expression française. Mettant en scène des personnages souvent emblématiques et parodiques, traitant des thèmes longtemps passés sous silence parce que tabous, le roman africain écrit en français est devenu la voix des marginalisés de la société que les politiques africaines postcoloniales.

Dans un continent où généralement toute forme de revendication politique ou sociale est violemment réprimée, l'écriture et quelques autres formes locales d'expression artistique (chanson et poésie populaires surtout) restent (quand elles échappent à la censure) les seuls moyens pour traduire les illusions des citoyens.

Forte de son double héritage culturel (Orient/Occident) et d'une langue (le français) , la littérature sert de porte-parole aux démunis et aux opprimés.

Au Maghreb, le français est un legs colonial face à l'arabe, langue officielle et langue du Coran. En Afrique noire, même si des langues orales tels le swahili, l'haoussa et le peul ont été transcrites phonétiquement, le français est généralement, la langue officielle même si l'arabe fait aussi partie du patrimoine culturel et religieux.

Ces héritages qui entretiennent des rapports, plus ou moins, conflictuels, divisent l'intelligentsia sur l'impact positif ou négatif, à la fois, de l'islam et l'Occident.

L'écrivain va s'approprier le discours pour mieux l'adapter à la situation qui prévaut dans son pays pour dire, avec autant de fidélité que possible, le désenchantement. Lui faudra-t-il, à cette fin, enfreindre les règles grammaticales et syntaxiques de la langue française, il n'hésitera pas à la transformer et à lui tordre le cou.

> Lorsque j'écrivais *Les soleils des Indépendances*, dit Ahmadou KOUROUMA, je vivais encore en Côte d'Ivoire, en pays malinké. Je parlais et je pensais dans ma langue natale. Je participais aux palabres. En Afrique, le discours joue un rôle essentiel. (...) Tant que j'ai essayé de rendre compte de cette forme de discours en français classique, le

> roman, les personnages ne sortaient pas. J'ai commencé à obtenir un résultat intéressant lorsque j'ai entrepris de ''malinkiser'' le français, d'adopter des tournures particulières, archaïques, permettant de mieux traduire la façon d'agir et de penser des Africains. Par exemple, je commence le livre par cette phrase « Il y avait une semaine qu'avait fini dans la capitale Koné Ibrahima. » Si je dis « avait fini » et non « était décédé » ou « était mort » , c'est pour reprendre le concept malinké selon lequel les morts ne disparaissent pas : on finit une vie pour en recommencer une autre, différente. (Ahmadou KOUROUMA, *Entretien*)

Pour mener ce travail, nous avons jugé utile de consacrer le premier chapitre à la problématique du legs colonial car c'est à la lumière de l'œuvre controversée du colonialisme que nous aimerions discuter la problématique religieuse. En effet, l'Islam n'a jamais été aussi litigieux et débattu, avec virulence et antipathie des fois, comme il l'est aujourd'hui, depuis l'arrivée du colonialisme. Ce chapitre mettra la lumière sur l'avènement de l'école coloniale et sa mission controversée : Aubaine pour l'élite africaine qui pour rester au pouvoir, doit se conformer à la politique dictée par l'ex-colonisateur ; danger pour la majorité des colonisés qui n'y voient qu'un instrument entre les mains du colon pour falsifier la carte identitaire de la colonie et s'assurer de l'aliénation des indigènes. Le deuxième chapitre exposera brièvement quelques faits historiques relatifs à l'Islam et les nouvelles définitions (celles du VIème siècle) qu'il a apportées pour réformer la société arabe de l'époque. Ce chapitre traitera le rôle de l'école coranique dans la transmission du savoir et de la tradition islamiques. Le troisième chapitre, toile de fond, traitera de l'Islam dans la littérature et les contradictions qui reviennent dans les textes sélectionnés quant à la profession de foi, les rapports interpersonnels, surtout le rapport conflictuel homme/femme, la sexualité, ses formes et les nombreuses incompréhensions qui l'entourent. L'Islam est-il vraiment une religion qui valorise l'homme aux dépens de la femme ? Le dernier chapitre (quatre) discutera la place qu'occupent dans la société arabo-musulmane certains rites et croyances qui prédatent le Coran dont les mutilations, la sorcellerie, la magie blanche, le maraboutage et les sacrifices.

Nous allons mener notre étude de façon parallèle sans tenir compte de l'ordre selon lequel nous avons listé les œuvres, les interrogeant toutes en même temps, effectuant des va-et-vient fréquents afin de mieux cerner la thématique en question.

Nous espérons, finalement, réussir à apporter une réponse claire et convaincante à la question posée ci-dessus à savoir si le marasme des pays francophones musulmans est dû à :

- L'aliénation économique, politique, et religieuse de l'ancienne colonie à l'ancien colonisateur,
- L'incompatibilité de l'Esprit de l'Islam avec les valeurs du monde moderne,
- l'ignorance, l'instrumentalisation, l'hypocrisie et la mauvaise lecture du Texte coranique qui font apparaître l'Islam comme frein au développement et à l'émancipation de la société islamique postcoloniale en Afrique.

Mais d'abord, qu'est-ce que le colonialisme, quelles sont ses fins et ses méthodes?

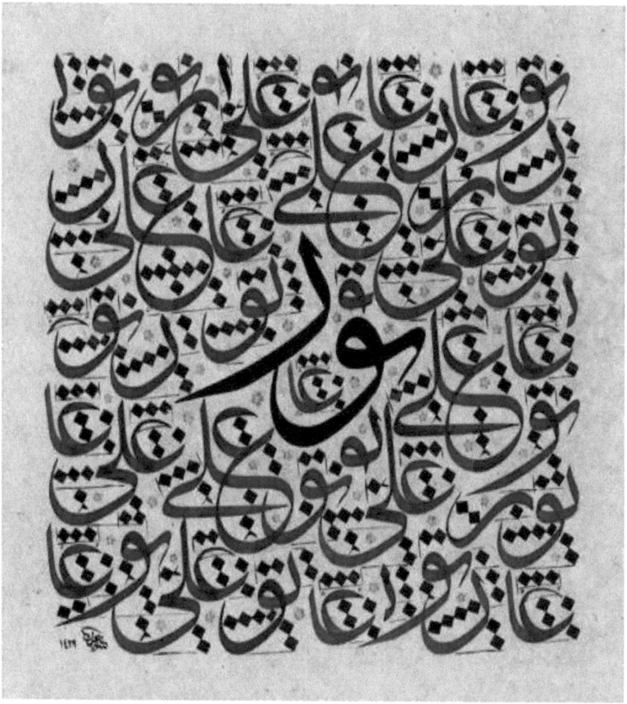

Entre colonisateur et colonisé, il n'y a de place que pour la corvée, l'intimidation, la pression, la police, le vol, le viol, les cultures obligatoires, le mépris, la méfiance, la morgue, la suffisance, la muflerie, des élites décérébrées, des masses avilies. (CÉSAIRE, Discours sur le colonialisme)

Chapitre 1

Le colonialisme et ses méfaits

L'école coloniale ou la rencontre avec l'Autre.

Les dictionnaires de la langue française définissent le terme colonialisme comme étant une domination politique d'un Etat souverain par un autre État étranger et son exploitation économique. La colonie n'attire le colonisateur que par sa rentabilité. Autrement, elle ne serait qu'« Un pays quelconque, dit Memmi » (Albert MEMMI, *Portrait du colonisé* 185) qui ne vaudrait pas le déplacement.

Les mobiles de cette domination diffèrent: mission civilisatrice ou humanitaire, combattre le terrorisme, protéger des intérêts nationaux, venir à la rescousse d'un régime allié, faire tomber un régime hostile...) mais se ressemblent finalement car tous tendent à légitimer l'usage de tous les moyens y compris la force afin de subjuguer les habitants du territoire occupé. Les déclarations de Jules Ferry, personnalité emblématique de la IIIème République célèbre par son fort engagement pour l'expansion coloniale française constituent une flagrante contradiction avec la thèse de mission civilisatrice : « Les colonies sont, pour les pays riches, un placement de capitaux des plus avantageux (...) Pour les pays vieux et riches, la colonisation est une des meilleures affaires auxquelles ils puissent se livrer »[3]

La rencontre avec l'Autre ne se fait pas sans douleur. Pour millions d'Africains, le choc produit par l'arrivée du colonisateur à partir de la première moitié du dix-neuvième siècle a été tellement violent qu'il a ébranlé les

[3] Jules Ferry. ''*Discours devant la Chambre des députés*'', Juillet 1885. http://www.fdn.fr/~fjarraud/colonies.htm.

structures de la société avec ses croyances et son mode de vie. Le Blanc inspire la terreur, implique les travaux forcés, rappelle la déportation et la spoliation, les sévices, les famines et les épidémies.

> Quand, en 1911, passa la colonne française du général Moinier (...) les Beni Ahsen (tribu au Nord-Ouest du Maroc) s'enfuirent presque tous dans la forêt.[4]

Des cultures locales, des langues et des religions n'ont pas été épargnées et ont été systématiquement effacées. Les années d'occupation occidentale en Afrique se sont soldées par un immense massacre humain et culturel et ont été marquée par de forts clivages entre ethnies autochtones. Aimé Césaire, l'un des fervents défenseurs des indépendances africaines refuse d'accepter la thèse de l'œuvre positive de la colonisation.

> On me lance à la tête des faits, des statistiques, des kilométrages de routes, de canaux, de chemin de fer.
> Moi, je parle de milliers d'hommes sacrifies au Congo-Océan. Je parle de ceux qui, à l'heure où j'écris, sont en train de creuser à la main le port d'Abidjan. Je parle de millions d'hommes arrachés à leur(s) dieu(x), à leur terre, à leurs habitudes, à leur vie, à la danse, à la sagesse.
> Je parle de millions d'hommes à qui on a inculqué savamment la peur, le complexe d'infériorité, le tremblement,

[4] Extrait de *Villes et Tribus du Maroc.* Mission scientifique du Maroc. Rabat et sa région. Tome III. Les tribus. Paris. Editions Ernest Leroux. 1920.

> l'agenouillement, le désespoir, le larbinisme. (Aimé CÉSAIRE, *Discours sur le colonialisme*)

Dans tous les domaines, le colonisateur cherche à dénaturer tout ce qui pourrait être authentique chez le colonisé et entretient avec lui des rapports régis par la dynamique maître/esclave. A cause de cette dynamique, la colonisation de l'Afrique a non seulement produit des colonisateurs et des colonisés, mais elle a victimisé les uns et les autres : « Elle aura pourri le colonisateur et détruit le colonisé. » (Albert MEMMI, *Portrait du colonisé* 129)

Cette attitude de mépris et de discrimination ne fait que nourrir le rapport déjà conflictuel colonisateur/colonisé et « corrompre les hommes, colonisateurs et colonisés » (MEMMI, *Portrait du colonisé* 161) au point que le colonisé lui-même avait commencé à s'assimiler à la réalité coloniale pour voir dans les colons « des surhommes venus (l') aider et (le) civiliser » (Abdelhak SERHANE *Messaouda* 141)

L'écrivain-cinéaste Sénégalais Ousmane Sembène salue la prise de conscience chez l'Être africain qui voit que l'acte colonial est non seulement un acte d'aliénation et d'exploitation à sens unique (colonisateur → colonisé), mais (plus grave encore) c'un acte d'autodestruction qui touche toutes les composantes de la société. « Nous commençons à prendre conscience, dit-il, que souvent ceux qui disent ou veulent nous aider nous poussent à nous autodétruire » (SEMBÈNE Ousmane, *Littérature et cinéma* 245)

Pour maintenir l'ordre colonial, le colonisateur procède à la dévalorisation systématique du décolonisé et à l'oppression. Le témoignage de Si Hmad dans *Messaouda,* accuse les actes de falsification auxquels se livrait le colon pour modifier l'identité des indigènes au douar de Tioumliline:

> Tout en assassinant notre culture et nos mœurs, dit-il, ils (les Français) s'acharnaient discrètement à démolir notre religion. [...] Les moines du monastère de Tioumliline s'appliquaient ingénieusement à détourner nos enfants du droit chemin de l'Islam. C'était un complot bien organisé; un complot politique, social, religieux. (SERHANE *Messaouda* 165)

Le colonisé finit donc par intérioriser le mythe de supériorité du colonisateur et son revers, c'est-à-dire le mythe de sa propre infériorité. Sa haine de soi se transpose en un amour inconditionnel du colonisateur. Dans *La répudiation*, le narrateur souligne la contradiction du patriarche Si Zoubir qui ne se soucie pas de violer les normes que lui impose la tribu pour singer le colon :

> Si Zoubir s'inspire du colon dans ses comportements tout en continuant à être le chef du clan (Rachid BOUDJEDRA, *La répudiation* 242)

Le colonisateur procède à une acculturation systématique du colonisé. S'il lui arrive de permettre au colonisé de lui ressembler, cela ne doit en aucun cas remettre en question sa suprématie en tant qu'être parachevé; ce serait escamoter la hiérarchie coloniale et éveiller chez le colonisé le sentiment d'indépendance.

Dans les trois romans maghrébins choisis, les pères restent fidèles à leur éducation islamique parce qu'elle leur accorde des droits incompatibles avec les valeurs occidentales. Ils se servent de la religion pour exploiter les faibles et les pauvres :

> Si Zoubir, qui soutenait moralement et financièrement le Clan, n'était pas parmi les moins acharnés à lutter contre la subversion étrangère : il fallait rejeter toute idéologie maléfique pour les intérêts des gros commerçants et des gros propriétaires terriens et coller à un traditionalisme réactionnaire qui figeait tout selon des modèles ancestraux, non pour la défense d'une éthique rigoriste, mais afin de mieux exploiter les classes pauvres et de les avoir à portée de la main [...] (BOUDJEDRA, *La répudiation* 242)

Prendre un Juif ou un Chrétien comme modèle ou comme allié est, en effet, interdit par l'Islam (V : 51) ; mais afin de préserver ses biens et ses droits, le croyant se permet toutes les pratiques, même celles qui vont à l'encontre des principes religieux.

Bénéficiant de droits absolus face à l'indigène qui n'en a pratiquement aucun, le colonisateur est privilégié dans un territoire conquis.

> Si (le) niveau de vie (du colonisateur) est élevé, c'est parce que celui du colonisé est bas ; s'il peut bénéficier d'une main-d'œuvre, d'une domesticité nombreuse et peu exigeante, c'est parce que le colonisé est exploitable à merci et non protégé par des lois de la colonie ; s'il obtient si facilement des postes administratifs, c'est qu'ils lui sont réservés et que le colonisé en

> est exclu : plus il respire à l'aise, plus le colonisé étouffe. (MEMMI, *Portrait du colonisé* 33-34)

Pourtant, le bilan civilisateur de la colonisation suscite des débats aussi bien chez l'ex-colonisateur que chez l'ex-colonisé. Au discours négativiste s'en oppose un autre qui tente de faire la part des choses et considère que la colonisation a également eu un effet bénéfique sur les ex-colonies et les colons. Après tout, le colon a construit des routes, des ports, des aéroports, des écoles, des hôpitaux…Certes, disent les autochtones, mais il a aussi édifié des églises afin de christianiser les habitants, des bordels et des maisons closes qui vont transformer les colonies en Edens sexuels, harems pour les Occidentaux (Driss CHRAÏBI, *Le passé simple* 191). On en cite celui d'Alger ouvert dès 1831et le célèbre Bousbir de Casablanca ouvert en 1914 où des milliers de mineures parmi les indigènes furent brutalisées et exploitées. Certes, le colonisateur a défriché des terres et a créé des sociétés et des compagnies, mais le colonisé n'y voit que de l'exploitation car les intérêts de la colonie ne sont servis que bien après ceux de la métropole. Ce sont les autochtones eux-mêmes qui sont appelés à travailler leurs propres terres pour le compte du colon et de la métropole. Si le colonisé a profité des installations coloniales, c'est parce que la logique coloniale stipule que sans ses propres habitants, la colonie ne servirait à rien. La majorité parmi ces derniers pense que les indépendances non seulement elles ne leur ont rien apporté, mais les ont appauvris et les ont condamnés à vivre les dictatures des indépendances :

> Mais alors qu'avaient apporté les Indépendances à Fama, s'interroge le narrateur dans *Les soleils des*

> *indépendances* ? Rien que la Carte d'Identité Nationale et celle du Parti unique (KOUROUMA, *Les soleils des indépendances* 23)

Restreindre, par conséquent, la question coloniale aux seules contributions positives de la colonisation sert à entretenir « le préjugé fondamental » (MEMMI, *Portrait du décolonisé* 131) , le syndrome de supériorité du colonisateur qui n'est pas prêt à admettre ses torts et ses abus.

Dans un entretien exclusif publié la veille de l'expiration de son mandat à l'Elysée, l'ancien président français Jacques Chirac, revient sur les méthodes coloniales en Afrique:

> Après leur avoir volé leur culture, dit-il, on leur a volé leurs ressources, leurs matières premières en se servant de leur main-d'œuvre locale. On leur a tout piqué et on a répété qu'ils n'étaient bons à rien. Maintenant, c'est la dernière étape : on leur pique leurs intelligences en leur distribuant des bourses, et on persiste à dire de ceux qui restent : ces Nègres ne sont décidément bon à rien.[5]

Face à la spoliation et au rejet du colonisateur, le colonisé trouvera refuge dans ses valeurs traditionnelles, ses rites et ses coutumes. Le clan, la famille et leurs pratiques quotidiennes lui garantissent un certain pouvoir et lui offrent une certaine paix intérieure contre la terreur que lui inspire le colonisateur. Humilié par la tyrannie du colonialisme et la dictature des indépendances, il se venge

---

[5] *L'Inconnu de l'Elysée*, Fayard, 2007.

sur plus faible que lui (la femme et les enfants) et se fait tyran à son tour, selon un processus qui régirait ce que Memmi appelle « la pyramide des tyranneaux » Au-dessous des mâles victimes du régime colonial, résident les femmes qui deviennent victimes au second degré d'une situation discriminatoire ayant ses origines dans de vieilles habitudes et traditions à caractère religieux qui font que les femmes elles-mêmes se trouvent obligées de résigner à leur sort.

S'accrochant à une religion à peine comprise, souvent instrumentalisée, l'homme se permet de nombreux abus et se réserve tous les droits. An nom de la religion, il lui arrive de faire la chose et la faire suivre de son contraire. La léthargie dans laquelle a sombré le décolonisé musulman ternit l'éclat de la liberté pour laquelle il a tant sacrifié.

Aussitôt acquise, la libération cède donc la place au questionnement. Toute tentative de redéfinition de soi et de repositionnement au monde met l'individu face à ses contradictions, si bien que sa vie est caractérisée par un conflit intérieur que résume la question : – Qui suis-je? Une telle désintégration fera de lui un être schizophrène et problématique, « un être de carence », continuellement « en décalage avec soi » (MEMMI, *Portrait du colonisé* 154)

Si durant la période coloniale, le colonisé avait réussi à mettre sa religion au service de sa lutte contre l'occupant, une fois indépendant, cette même religion est devenue chez lui sujet de débat et de questionnement. Il éprouve beaucoup de difficultés à pouvoir gérer deux systèmes de valeurs (traditionnelles/islamiques vs modernes/occidentales) dans le but de reconstituer son identité. « La liquidation de la colonisation n'est qu'un prélude à sa libération complète : à la reconquête de soi » (MEMMI, *Portrait du colonisé* 161) Certains leaders arabes, pionniers des indépendances, semble-t-il, ne s'y étaient pas trompés quand ils laissaient entendre le lendemain des indépendances que le plus important, le véritable Jihad, celui pour la reconstruction du pays indépendant, le développement et la justice sociale, ne faisait que commencer. L'une des formes de cette nouvelle lutte sera celle pour la scolarisation des jeunes afin de préparer le cadre administratif de l'État indépendant.

Il existait à l'époque deux types d'enseignement dans la colonie :

- L'enseignement européen (moderne) qui s'adressait aux enfants du colonisateur ainsi qu'aux enfants des notables indigènes. Cet enseignement dispensé en langue française ouvrait des horizons au lauréat et lui permettait d'accéder à des fonctions dans l'administration coloniale. Des bourses d'études en France étaient généreusement octroyées. Autrement dit, « S'il veut obtenir un métier, construire sa place, exister dans la cité et dans le monde, il doit d'abord se plier à la langue des autres, celle des colonisateurs, ses maîtres » (MEMMI, *Portrait du colonisé* 125). Alors, pour faire valoir sa langue, le colonisateur procédait à l'élimination, par tous les moyens, et à la dévalorisation des langues locales. Comme tout être vivant, après un tel génocide, la langue a besoin de suffisamment de temps pour panser ses plaies dans l'espoir de retrouver son prestige d'antan. C'est la raison pour laquelle les politiques d'arabisation entamées dans les années 80 en Afrique du Nord ont toutes échouées.
- L'enseignement arabo-musulman qui avait une base théologique et religieuse dispensée uniquement en langue arabe n'ouvrait pas de grands horizons devant les lauréats. S'il ciblait la majorité de la population, il n'offrait, par contre, que peu de chance de promotion sociale à ses disciples (emplois dans les tribunaux locaux) L'élève de

l'école coranique restait toute sa vie dévoué à la seule cause d'Allah et mettait Dieu avant ses propres préoccupations. Ces limites de l'éducation traditionnelle forçaient les indigènes à admettre (difficilement d'ailleurs) la supériorité de l'enseignement colonial qui dispose de nombreux atouts pédagogiques, d'un capital humain qualifié et donne aux apprenants une formation internationalement reconnue.

Contrairement à ce qu'offre l'enseignement arabo-musulman, l'école coloniale, selon la narratrice dans *Une si longue lettre*, a le mérite d'éveiller la curiosité des apprenants quitte à les pervertir et transformer, par exemple, les petites filles en « diablesses, dit-elle, qui détournent les hommes du droit chemin » (Mariama BÂ, *Une si longue lettre* 30) Mariama Bâ touche ici à la raison pour laquelle certaines familles refusaient d'inscrire leurs enfants et plus particulièrement leurs filles à l'école coloniale.

Perdre son identité religieuse et les valeurs qui s'y rapportent est un crime impardonnable en Islam. Une telle attitude de la part des parents ne fait qu'encourager le repli sur soi et augmenter le taux d'analphabétisme déjà alarmant. Cependant, la scolarisation elle-même s'est avérée problématique, car l'ex-colonisé « n'est sauvé de l'analphabétisme que pour tomber dans le dualisme linguistique » (MEMMI, *Portrait du colonisé* 124). Cette situation était d'autant plus dramatique que le colonisé s'exprimait en dehors de l'école coranique non pas en arabe standard, celle du Coran, mais en arabe dialectal, variante de l'arabe classique qui ne dépasse pas le cadre oral. Aussi, l'enseignement moderne de l'époque par ses écoles, ses monastères et ses églises était perçu par les autochtones pas plus qu'une politique d'acculturation et une arme coloniale parmi d'autres pour les assujettir davantage. Un rapport secret du maréchal Lyautey, premier résident général au Maroc, ne laisse pas de doute quant aux intentions coloniales :

> Grâce à l'instruction, nous pouvons influencer la nouvelle pensée marocaine. A l'aide des écoles, nous allons préparer l'élite qui sera au service du protectorat (El FARRI, *La représentation de l'ambivalence vis-à-vis de l'Islam* 25)

Progressivement, le système éducatif colonial modifia le paysage culturel et politique africain. L'introduction d'un mode de vie et de pensée basé sur l'individualisme a fait éclater les structures de sociétés déjà fragilisées par les guerres tribales, les épidémies et la pauvreté. Le modernisme a donné naissance à une génération hybride. Le modèle traditionnel existait toujours mais souffrait de la concurrence du modèle européen. Les politiques d'arabisation des gouvernements qui se sont succédés au Maghreb après les indépendances ont toutes échoué tant l'impact du français sur les institutions de l'Etat et ses établissements scolaires a été déterminant. Au Maghreb, les établissements scolaires français de l'époque coloniale centraient leurs programmes sur la France et les Français et n'accordaient guère d'attention à l'enseignement des langues locales. Les lauréats du système scolaire français pouvaient savoir par cœur *Les Lettres persanes* de Montesquieu, *Les Fables* de La Fontaine, la poésie de Jaques Prévert, l'histoire et la géographie de France et les dogmes de la morale chrétiennes, alors qu'ils n'avaient que de vagues notions sur leur propre littérature, leur histoire et la géographie de leur propres pays.

Plusieurs familles parmi les autochtones à l'image de la famille Hadj Fatmi Ferdi dans *Le passé simple* et la famille de Samba Diallo dans *L'aventure ambiguë*, convaincues que l'avenir de l'Afrique se jouait à l'école étrangère, avaient tôt saisi l'occasion pour inscrire leurs enfants à l'école française :

> Je n'aime pas l'école étrangère, dit la grande Royale. Je la déteste. Mon avis est qu'il faut y envoyer nos enfants cependant (Cheikh Hamidou KANE, *L'aventure ambiguë* 56)

Ces familles pensaient que malgré les intentions coloniales des institutions scolaires françaises aussi bien à l'intérieur qu'à l'extérieur de la colonie, leurs enfants devaient en profiter ; non seulement parce que la qualité de leur enseignement était meilleure que celle de l'enseignement local traditionnel, mais surtout parce qu'elles qualifiaient les lauréats à occuper de hautes fonctions publiques dans l'Etat indépendant.

Dans *Le passé simple*, Hadj Fatmi Ferdi recommande à son fils Driss de saisir l'opportunité et aller apprendre dans les écoles de la métropole tout ce qui est susceptible de faire de lui un cadre dans le gouvernement d'un Maroc indépendant :

> Apprends tout ce que tu peux et le mieux possible, afin que tout ce que tu auras appris te soit une arme utile pour tes examens d'abord et pour la compréhension du monde occidental ensuite. Car nous avons besoin d'une jeunesse capable d'être entre notre léthargie orientale et l'insomnie occidentale, capable aussi d'assimiler la science actuelle et de l'enseigner à nos futures générations [...]. N'oublie pas (en effet) que toute la civilisation actuelle

repose sur des postulats. Nous prévoyons en toi une explosion prochaine. (CHRAÏBI, *Le passé simple* 23)

Cependant, Hadj Fatmi Ferdi, en patriarche éclairé, est conscient du risque de perdre ses valeurs et ses origines arabo-musulmanes qu'encourt son fils et ne manque pas de l'en avertir : « n'oublie pas »

Quoi que tu imagines dans ton esprit, Dieu est différent de cela » Dhou Announ Al-Masri.

كُلُّ ما تظُنُّهُ في بالِك ,فَرَبُّنا مُخالِفٌ عنْ ذلِك

Chapitre 2

L'Islam : Les incompréhensions

L'école coranique ou la persistance du mythe.

L'Islam est aujourd'hui un sujet de controverse et connote pour nombre d'Occidentaux et d'Islamophobes la terreur, le viol, l'assassinat des intellectuels, le Jihad guerre sainte moyennant soixante-douze houris !, les bombes humaines, les fatwas (*jugements de conseils de religieux*) contre les intellectuels, la séquestration des femmes et la misogynie, la polygamie, la loi patriarcale... Cependant, pour plusieurs penseurs, c'est une religion tantôt incomprise, tantôt instrumentalisée. Le risque c'est de voir ces deux types tomber dans l'extrémisme. L'Islam prône la paix, la justice, la tolérance, le bon voisinage, la cohabitation, le savoir et le progrès. Pour s'en rendre compte, il faut juger les enseignements de l'Islam dans leur globalité et pas en dehors de leur contexte.

L'Islam enseigne d'abord qu'il n'y a de Dieu qu'Allah et que Mohamed est Son messager : c'est le premier pilier de l'Islam appelé communément*''ash-shahaadataan''* en arabe. Les quatre piliers restants sont la prière ou*''assalàt''*, l'aumône *''azzakàt''*, le jeûne ou*''assawm''* et le pèlerinage ou*''alHajj''*. La manière dont la tradition les liste suggère que certains piliers priment sur d'autres. Si le premier pilier n'admet aucune relecture, les quatre restants sont plutôt ouverts à toute discussion constructive puisqu'ils dépendent de l'état de santé et de la situation financière de chacun. Ce sont des pratiques auxquelles tout Musulman doit se conformer à condition que lui ou elle en ait la capacité physique, morale et financière. Troisième religion monothéiste après le Judaïsme et le Christianisme, les pratiques islamiques sont venues se greffer sur d'autres rites religieux ancestraux qu'ils ont, certes, évincés, mais sans avoir réussi à les effacer complètement. Entre observer les rites préexistants et honorer les nouveaux, arrivés avec l'avènement de l'Islam, le croyant s'est souvent trouvé partagé. Or, l'Islam a toujours recommandé à ses fidèles de ne ménager aucun effort dans l'acquisition du Savoir. C'est par le Savoir qu'il peut voir clair dans sa foi. Rappelons que le premier verset coranique révélé au Prophète l'incite à l'apprentissage et à la science : « Lis ! » (XCVI,1) Il appartient, par conséquent, au Musulman de s'inscrire à l'école coranique, fréquenter les assemblées religieuses et ne pas hésiter à demander conseils à quiconque « détient le Savoir/les Écritures » (XVI, 43)

Dans les milieux traditionnels musulmans, l'école coranique ou m'sid constitue une institution principale pour l'éducation religieuse et la socialisation de l'enfant. La fréquentation du m'sid s'impose dès l'apparition de comportements ''agressifs'' qui souvent commencent avec son sevrage. Il ressent la rupture dans sa relation fusionnelle avec la mère comme la perte d'un bien ou d'un privilège, d'autant plus qu'il se verra envoyé pratiquement de son berceau vers ce que Hamidou Kane appelle « Le foyer-ardent » (p.14) , l'école coranique où siège le fquih, un maître redoutable, gardien d'une tradition de violence :

> [Le maître de l'école] avait saisi Samba Diallo au gras de la cuisse, l'avait pincé du pouce et de l'index, longuement. Le petit enfant avait haleté sous la douleur, et s'était mis à trembler de tout son corps » (KANE, *L'aventure ambiguë* 13)

Tout le monde craint le fquih: les adultes pour le savoir qu'il incarne et pour sa proximité avec Allah, donc pour ses pouvoirs magiques ; les petits pour la terreur qu'il fait régner car l'apprentissage au m'sid se fait dans la violence.

> Nous nous levions à quatre heures du matin pour aller somnoler dans une petite pièce, antre d'un maître paludéen, et pisser sur des nattes qui nous meurtrissaient les cuisses, pour ne pas avoir à demander une autorisation aléatoire. (BOUDJEDRA, *La répudiation* 136)

Souvent, pour rappeler à l'enfant ce changement brutal dans sa vie, les parents aiment faire cette déclaration au fquih: « Cet enfant est le vôtre, faites-en ce que vous voulez » Aussitôt, le maître de l'école coranique prend possession de l'enfant, corps et âme. Sa tâche est de lui inculquer, souvent avec violence, le Coran et de l'initier à célébrer la Majesté d'Allah. Le fquih est donc non seulement celui qui enseigne Dieu, mais aussi celui qui punit et veille sur l'enfant tel un père ou une mère: « Notre fquih était [...] notre père, notre mère, notre maître et protecteur » (SERHANE, *Messaouda* 41). Passage qui n'est pas sans rappeler le maître de l'école coranique dans *Harrouda* de Ben Jelloun : « Venez mes enfants, je suis votre père, votre tuteur, votre protecteur ; je suis votre maître et un peu plus » (BENJELLOUN, *Harrouda* 22)

En plus de son enseignement à base théologique et religieuse, l'école coranique a le privilège d'être moins coûteuse ou ne coûte presque rien aux parents car elle adopte des méthodes précaires et des outils rudimentaires à la portée de tout le monde: « Les élèves n'ont ni cahiers ni livres. Ils ont leur planche et leur mémoire » (CHRAÏBI, *Le passé simple* 39). L'enfant n'a besoin que d'une planchette de bois sur laquelle il écrit, avec un trou et une ficelle pour l'accrocher au mur le soir, une plume en roseau, un bout de bois pour frotter les versets qu'il doit lire à haute voix en se balançant de l'avant vers l'arrière. Une façon de cultiver en lui (de manière en quelque sorte paradoxale) l'oubli de la raison. Ce que le Maître attend de l'enfant ce n'est pas la compréhension ou l'interprétation, c'est la mémorisation pure et simple de la Parole sainte telle qu'elle a été révélée au prophète. Le Verbe s'efface avec le nettoyage de la planche chaque soir. L'enfant rentre chez lui le soir les mains vides; il ne dispose de rien pour réviser ce qu'il aurait appris le jour. L'ultime outil d'apprentissage dont il dispose, c'est sa propre mémoire ; seules la mémorisation et la récitation quotidienne entretiennent sa connaissance du Coran. Il en sera ainsi jusqu'à ce qu'il réussisse à « contenir Dieu » représenté dans les cent quatorze chapitres du Coran :

> Au foyer, ce que nous apprenons aux enfants, dit le prédicateur, c'est Dieu. Ce qu'ils oublient, c'est eux-mêmes, c'est leurs corps et cette propension à la rêverie futile qui durcit avec l'âge et étouffe l'esprit (KANE, *L'aventure ambiguë* 44)

En remplissant la tête de ses disciples de versets qui, certes, fascinent par la force du verbe, mais dont on préfère cacher le sens, le fquih participe à l'élimination de tous les germes de curiosité chez eux. L'école coranique finit par déposséder l'enfant de lui-même pour le mettre au seul service du verbe de d'Allah :

> - Camel et Driss, dit Hadj Fatmi Ferdi au maître, sont tes enfants. Qu'ils apprennent la sainte religion. Sinon, tue-les et fais-moi signe : je viendrai les enterrer. (CHRAÏBI, *Le passé simple* 38)

Le rapport du Moi à Dieu sera le Verbe que l'enfant va graver dans sa mémoire. Une telle philosophie d'enseignement va à l'opposé de celle adoptée, depuis le XVIIIème siècle, par l'école moderne et que résume parfaitement la célèbre phrase de Montesquieu: « Enseigner un enfant, ce n'est pas remplir un vase, c'est allumer un feu » Le savoir tel qu'il est enseigné au m'sid est donc un savoir qui n'est pas ''fixe'' comme c'est le cas à l'école étrangère.

Durant la période de son apprentissage, l'élève ne bénéficiera d'aucune explication. Il peut ainsi savoir jusqu'à la virgule tout le Livre Saint mais sans en comprendre le sens. D'ailleurs, l'exégète en matière islamique lui-même clôt toujours son exercice d'explication du Texte en disant : « Allah seul en connaît le véritable sens » Cette impénétrabilité et cet hermétisme est ce qui fait, dit-on, la force du Texte coranique.

Dans la demeure d'Allah, ce qui ne relève pas de la Parole sainte est simplement condamné. Il en est ainsi pour la poésie qui, croit-on, relève du rêve, et le rêve est égarement (XXV : 224)

> Tous les matins, à quatre heures, dit le narrateur dans *La répudiation*, je vais à l'école coranique apprendre ma « sourate » quotidienne. A huit heures, je me presse vers le lycée où je peux rêver un peu [...] (BOUDJEDRA, *La répudiation* 93)

La priorité dans l'instruction arabo-musulmane est telle que tout enseignement qui ne tient pas en compte les préceptes de la religion est suspect et alors exclu. La philosophie serait une voie vers l'hérésie, et, par conséquent, exclue. Le risque de voir l'enfant perdre sa foi en Dieu serait tragique pour la famille et pour le groupe.

> Tant qu'il vivra avec Dieu, l'enfant, ainsi que l'homme qu'il deviendra, pourra prétendre, le maître en était convaincu, aux niveaux les plus élevés de la grandeur humaine (KANE, *L'aventure ambiguë* 15)

L'apprentissage dure généralement une dizaine d'années au terme desquelles l'enfant sort avec un titre de taleb. Il apprend le Coran, mais également les hadiths, la jurisprudence et le droit musulman, la langue arabe du Coran et sa grammaire. Souffrir les châtiments et les exactions du maître pour mériter ce titre et intégrer la Parole est un exploit dont toute la communauté va se sentir fière et qui lui fera fermer les yeux sur la brutalité et la violence du maître. Samba Diallo, le héros de *L'aventure ambiguë*, évoque son maître, aujourd'hui disparu :

> Tes bûches ardentes sur mon corps ... je me souviens et je comprends. Ton Ami, Celui qui t'a appelé à Lui, ne s'offre pas. Il se conquiert. Au prix de la douleur » (KANE, *L'aventure ambiguë* 186)

Voici ce qu'a retenu Chraïbi de son éducation islamique :

> A mon tour, je connus les réveils matinaux, les souffrances du silence et du refoulement, les douleurs à la plante des pieds, les rages vite étouffées. (CHRAÏBI, *Le passé simple* 38)

Dans les pays arabo-musulmans où malgré l'existence d'une littérature écrite, la tradition orale jouissait d'un grand prestige, le verbe renferme une magie et une puissance qui en font « un attribut divin, aussi éternel que Dieu lui-même » (Ahmadou-HAMPATHÉ, BÂ, *Vie et enseignement de Tierno Bokar, le sage de Bandiagara* 126) L'enfant a donc intérêt à veiller à la prononciation correcte, à la déclamation et à l'articulation parfaite des sons composant le message sacré. Parole exacte de Dieu, sa récitation valorisée par rapport à l'écriture doit se faire sans la moindre faute, comme l'ordonne le maître dans *L'aventure ambiguë* :

> Sois précis en répétant la parole de ton Seigneur. Il t'a fait la grâce de descendre son Verbe jusqu'à toi. Ces paroles, le Maître du Monde les a véritablement prononcées. Et toi, misérable moisissure de la terre, quand tu as l'honneur de les répéter après lui, tu te négliges au point de les profaner. Tu mérites qu'on te coupe mille fois la langue (KANE, *L'aventure ambiguë* 14)

Nulle tolérance en cas d'erreur :

> Samba Diallo savait son verset. Simplement sa langue lui avait fourché. Thierno avait sursauté comme s'il eût marché sur une des dalles incandescentes de la géhenne promise aux mécréants. Il avait saisi Samba Diallo au gras de la cuisse, l'avait pincé du pouce et de l'index, longuement. Le petit enfant avait haleté sous la douleur, et s'était mis à trembler de tout son corps. Au bord du

sanglot qui lui nouait la poitrine et la gorge, il avait eu assez de force pour maîtriser sa douleur; il avait répété d'une pauvre voix brisée et chuchotante, mais correctement, la phrase du saint verset qu'il avait mal prononcée. La rage du maître monta d'un degré ;

- Ah!...Ainsi, tu peux éviter les fautes? Pourquoi donc en fais-tu ?... Hein... pourquoi ? (KANE, *L'aventure ambiguë* 13)

C'est, donc, oralement que le processus commence avant qu'il ne contienne complètement et à jamais, conformément à la tradition, le discours coranique. Selon la tradition, le Prophète de l'Islam fut lui-même objet de violence avant d'intérioriser le Message car il ne savait ni lire ni écrire quand il reçut la Révélation :

> Ses lèvres [Mohamed] tremblaient. Gabriel lui ordonna de répéter les versets, et lui qui était sans « écriture », il devait énoncer le commencement du Livre […] Récite, [lui dit-il]- Comment pourrais-je réciter alors que je ne sais pas lire ? L'Ange l'étreignit jusqu'à ce que Mohamed crût en mourir. Comme par trois fois, il refusait d'obéir, l'Ange le terrassa et le pressa jusqu'à l'étouffer, puis il le lâcha. Le prophète obéit enfin […].
> Terrassé par cette terrible épreuve, il se séparât de la « raison » humaine pour que fût le message :

> Je me réveillai, comme si un livre avait été imprimé sur mon cœur. Il n'y a pas de plus détestable au regard d'Allah que le poète ou le fou…Or, je ne suis ni l'un ni l'autre. (KHATIBI, *Par-dessus l'épaule* 80)

Au terme de sa formation, l'enfant finit par devenir aigri, incertain, fragilisé et marqué à jamais par l'éducation et le traitement qui lui a été réservé par son maître. Généralement, ce dernier est étranger à la région qui l'engage et vit souvent seul, souvent dans la mosquée/l'école même. Les familles s'organisent pour nourrir le fquih en lui envoyant au moins deux fois par semaine un cadeau modique (œufs, beurre, miel). Les disciples, eux, balaient et prennent soin de la demeure du maître, lui apportent l'eau du puits ou de la rivière, lui lavent les vêtements et font sa vaisselle. Souvent, cet isolement ou solitude conditionne le fquih qui se voit de temps en temps faire « des propositions malhonnêtes » aux petits (SERHANE, *Messaouda* 95). L'enfant, sans défense, cède son corps et son âme au maître qui en fait ce que bon lui semble :

> Tout le monde accepte les propositions du maître coranique ! Il nous caresse furtivement les cuisses et quelque chose de dur nous brûle le coccyx. (BOUDJEDRA, *La répudiation* 94)

Et voici donc l'école qui se transforme en un lieu de « cours tacites de pédérastie appliquée » (CHRAÏBI, *Le passé simple* 39)

> Le jour, il nous apprenait la sainte religion.
> Le soir, il nous protégeait sous sa djellaba.

> Il nous protégeait du silence perturbateur et initiait nos corps à la cicatrice du désespoir (SERHANE, *Messaouda* 41)

Dans le même langage et sur le même ton d'amertume, Benjelloun condamne les actes pédophiliques du chef religieux.

> Je suis la droite parallèle à vos désirs, dit le maître aux petits. Venez sous ma djellaba ; vous y trouverez merveille et un peu plus. Tirez et vous verrez mon ventre s'ouvrir et avaler vos caprices mêlés à l'encens de la Mecque. (BENJELLOUN, *Harrouda* 22)

Les familles connaissent souvent les déviances du chef religieux mais préfèrent taire le scandale pour « ne pas mettre en accusation un homme qui porte en son sein la parole de Dieu » (SERHANE, *Messaouda* 94)

L'éducation islamique de l'enfant débute dans la répression et la peur qui lui enseignent à se soumettre à la volonté du groupe et d'accepter passivement toutes les épreuves.

L'école coranique conditionne donc l'enfant à l'arbitraire des grands :

> Le M'sid, première institution prenant en charge la socialisation de l'enfant marocain, conditionne la construction et l'affirmation de l'identité personnelle du sujet à travers des conduites qui signifient le groupe à ses yeux, car il n'est maître ni de son action ni de son être. Il n'est pas « sujet » en tant que centre et source d'initiative. Sous ses divers aspects,

> l'éducation au M'sid vise plus la transformation et l'orientation de l'identité (dressage en vue d'obtenir la soumission de l'enfant) que l'affirmation de la personnalité. (SERHANE, *L'amour circoncis* 44)

Le personnage de la Grande Royale dans *L'aventure ambiguë* est consciente du risque qu'encourt son neveu Samba Diallo et l'en avertit: « Le maître cherche à tuer la vie en toi » (KANE, *L'aventure ambiguë* 32).

Malgré ses moyens rudimentaires et ses méthodes précaires, l'école coranique continue à résister au rationalisme de l'école moderne et continue à encadrer des millions de jeunes à travers le monde musulman.

C'est aux Arabes que les habitants de l'Europe empruntèrent avec les lois de la chevalerie, le respect galant des femmes qu'imposaient ces lois..., l'islamisme a relevé la condition de la femme et nous pouvons ajouter que c'est ici la première religion qui l'ait relevée... » Gustave LE BON, *La civilisation des Arabes* (428-436)

Chapitre 3

Islam, sexualité et littérature

Homme/Femme : de frères siamois en ennemis.

Des cinq rites islamiques, ce sont surtout la prière et le Ramadan qui sont les plus donnés en exemple par les écrivains francophones pour justifier leur attitude plus ou moins désapprobatrice vis-à-vis des enseignements de l'Islam. La prière et le Ramadan, plus que les trois autres piliers de l'Islam font, en effet, appel à beaucoup d'effort physique de la part du croyant. Ceci laisse voir beaucoup de divergences dans la pratique religieuse de tous les jours.

Pour le premier commandement, à savoir la foi en Allah et son prophète, le problème ne se pose presque pas :

> Tout le monde, dit Driss, croit en Dieu bien que le ''Marocain moyen'' n'en respecte pas les corollaires : On peut jurer et être parjure, mentir, être adultère, boire. Mais la foi est sauve et Dieu Très-Puissant et Très-Miséricordieux. (CHRAÏBI, *Le passé simple* 209)

Mais pour ce qui est de l'accomplissement de la prière et du Ramadan, la différence est très nette : Selon le Coran, la prière est l'acte religieux censé dissuader le Musulman de toute inclination vers le mal et la turpitude (XXIX, 46) Tout Musulman se sentant la capacité physique et morale de l'accomplir doit « avec régularité » (SERHANE, *Messaouda* 125) s'y inscrire au moins cinq fois par jour. Il est demandé aux parents d'initier leurs enfants à la prière dès leur bas âge. Mais ce sont surtout les adultes qui sont appelés à l'accomplir :

> En ce qui concerne les prières, seules les personnes âgées les font. Encore que ce soit pour la plupart d'entre elles une habitude ou un manifeste (SERHANE, *Messaouda* 209)

Dans les romans que nous étudions, les événements ont lieu souvent lors de la première prière de l'aube ou lors de la dernière prière, un peu tard le soir. Les auteurs évoquent souvent ces deux moments pour souligner l'aspect austère de la religion musulmane.

Si au Maghreb, la prière ne doit être célébrée qu'en langue arabe, celle du Coran, en Afrique noire, en revanche, elle doit s'accorder aux spécificités linguistiques et culturelles des sociétés. C'est le cas chez les Malinkés du Horodougou pour qui :

> La prière comportait deux tranches comme une noix de cola : la première, implorant le paradis, se récitait dans le parler béni d'Allah : l'arabe. La seconde se disait tout entier en malinké à cause de son caractère tout matériel : calmer sa reconnaissance pour la subsistance, la santé, pour l'éloignement des malchances (KOUROUMA, *Les soleils des indépendances* 26)

Ici, apparaît nette l'ambivalence dans la pratique religieuse chez certaines catégories de la société musulmane. Par hypocrisie ou à cause d'une connaissance dérisoire des principes religieux, les personnages adoptent souvent une attitude et son contraire lors de la célébration d'un rite quelconque. Ainsi, le Malinké qui croit bien en Allah en tant que Maître absolu de l'univers dont la volonté est impénétrable, est persuadé que les vicissitudes de la vie quotidienne exigent parfois de lui une intervention rapide. D'ailleurs, il aurait appris qu' ''Allah n'est pas obligé de répondre'' de façon instantanée à ses multiples prières. Alors, dans cet état de déchirement spirituel, le Malinké juge impératif de partager ses prières entre Allah et ses propres dieux (marabouts et sorciers). Il s'adresse au Premier dans la langue qu'Il chérit le plus (l'arabe) mais préfère utiliser sa langue locale pour invoquer les seconds qu'il charge du règlement de ses problèmes quotidiens.

La duplicité du cœur est notoire aussi chez le personnage de Salimata qui d'un côté présente le visage d'une musulmane pieuse, et de l'autre, celui d'une désespérée prête à commettre l'interdit :

> Elle priait proprement, dit le narrateur, se conduisait en tout et partout en pleine en musulmane, jeûnait trente jours, faisait l'aumône et les quatre prières journalières (…) Et que n'a-t-elle pas éprouvé ! Le sorcier, le marabout, les sacrifices et les médicaments, tout et tout (KOUROUMA, *Les soleils des indépendances* 27)

Quel que soient la nature et le degré du malheur qui lui arrive, le Musulman doit se résigner à la volonté de son Seigneur: « Et n'invoque jamais d'autres qu'Allah » (XXVIII, 89) La santé, la chance, la vie, l'argent… c'est aussi Allah et Allah seul qui les accorde à qui Il veut, quand Il veut et où Il veut. « La pauvreté autant que la richesse sont des œuvres d'Allah » (KOUROUMA, *Les soleils des indépendances* 67) Cet état de confusion dans la pratique islamique, aurait-il pu être évité du temps de la colonisation ? L'ex-colonisé aurait-il pu trouver dans la religion de l'ex-colonisateur une alternative pour échapper à un tel écartèlement ? La mission civilisatrice de l'ex-colonisateur reposait, en effet, sur la promotion de la religion chrétienne et le nouveau mode de pensée cartésien aux dépens de la religion musulmane et son mode de pensée dépassé et traditionnel. Or, la vérité était que le mythe de supériorité qu'entretenait le colonisateur l'a toujours empêché de faire du colonisé son coreligionnaire. Devant ce refus, ce dernier n'avait d'autre choix que de se replier (souvent de manière fanatique) sur ses propres valeurs pour tenter de les concilier à ses valeurs islamiques ; c'était, d'après Memmi, l'une des raisons qui ont précipité le départ du colonisateur:

> La conversion du colonisé à la religion du colonisateur aurait été une étape sur la voie de l'assimilation. C'est une des raisons pour lesquelles les missions coloniales ont échoué (MEMMI, *Portrait du colonisé* 92)

Le Ramadan, en tant qu'autre sujet de controverse discuté dans la majorité des travaux littéraires francophones, sert d'un bel exemple pour montrer l'esprit de mensonge et d'hypocrisie qui caractérise la vie religieuse chez le Musulman. Les romanciers maghrébins s'accordent sur l'aspect torturant de ce mois sacré et des circonstances difficiles dans lesquelles il se déroule. Le calendrier musulman/Hégire n'étant pas conforme au calendrier chrétien, le Ramadan coïncide régulièrement avec toutes les saisons de l'année chrétienne. Le Musulman est appelé à s'abstenir durant ce mois de tout ce qui est de nature à lui procurer du plaisir. Ce climat est dénoncé de façon virulente dans *Messaouda* lorsque le narrateur met l'accent sur les peines physiques et morales qu'il doit endurer:

> Un mois de jeûne chaque année. A part nos fantasmes, nous devenions purs jusqu'aux ongles. Nous devions connaître la souffrance de la faim, de la soif et de l'abnégation pendant le froid glacial de l'hiver ou la chaleur torride de l'été. (SERHANE, *Messaouda* 17)

La théologie musulmane reconnaît, en effet, les souffrances et les peines physiques qu'endure le Musulman pendant le Ramadan. C'est d'ailleurs là où réside l'essence du ce mois sacré. Les bénéfices et les bienfaits de ce mois sacré vont au-delà d'une simple privation: C'est la purification du corps et de l'âme du jeûneur « Pieux et lunatique » (CHRAÏBI, *Le passé simple* 209) qui est acquise. C'est également la solidarité et la cohésion entre les rangs de la communauté musulmane qui est recherchée.

> Quand le prophète Mohamed a prêché le jeûne, c'était pour que tous, riches et pauvres, jeunes et vieux, souffrent pendant une période déterminée de l'aube au crépuscule, de la faim dont souffrent éternellement et uniquement les pauvres ; pour inciter tout le monde à garder en dépit de cette souffrance même un caractère égal en tout lieu et en toute circonstance ; pour que cette abstinence d'aliments et de boissons, de jouissances vénériennes et

> autres, forge les caractères et les volontés et prédispose, en purgeant les corps et les cerveaux, à un état d'âme susceptible d'assimiler une élévation vers Dieu. (CHRAÏBI, *Le passé simple* 210)

Habib Bourguiba, premier président de la Tunisie indépendante[6], voyait dans le jeûne un frein au développement du pays fraîchement affranchi du colonialisme français et exhorta un jour les Tunisiens, pourtant de confession musulmane, à rompre le jeûne et veiller plutôt au développement du pays :

> Vous feriez mieux, a-t-il audacieusement lancé à ses compatriotes sidérés, de consacrer vos énergies au développement du pays, au lieu de vous affaiblir à jeûner le mois entier de Ramadan ! (MEMMI, *Portrait du décolonisé arabo-musulman et de quelques autres* 63)

Durant ce mois, les hommes prennent un teint maladif et deviennent parfois très agressifs et cherchent tous les prétextes pour s'emporter et extérioriser leur colère. Les enfants et les épouses restent donc très prudents :

> J'ai toujours vu mon père pendant ce jeûne, dit Driss dans *Le passé simple,* d'une humeur particulièrement massacrante parce qu'il ne pouvait pas fumer. Il sortait faire un petit tour vers midi, rentrait et épuisait tous les sujets de conversation et toutes les occasions de dispute. Le soir, il redevenait le plus doux des hommes parce qu'il avait

[6] Habib Bourguiba (1957-1987)

> fumé et ne disait plus rien parce qu'il fumait jusqu'au matin (CHRAÏBI, *Le passé simple* 209)

Le même état d'esprit est relevé par le narrateur dans *Messaouda :*

> (Nos aînés) étaient toujours aux aguets, dans l'espoir de nous surprendre en faute pour laisser éclater sur nous leur agressivité accrue par l'ambiance de ce mois de pardon et de repentir (SERHANE, *Messaouda* 18)

Faisant allusion à l'ignorance et à l'hypocrisie de cette catégorie de jeûneurs qui se permettent tout sauf le fait de boire et de manger, la tradition rapporte un Hadith dans lequel le prophète déplore une telle réduction de l'acte de jeûner[7]. Ce qui est recommandé, ce n'est pas seulement une purification physique, mais aussi une purification spirituelle. Pour pouvoir résister à son tempérament colérique et à ses mauvaises humeurs, la récitation du Coran[8] et la fréquentation des mosquées sont recommandées aux jeûneurs. Chercher à tromper la faim et la soif est condamnable et fausse le jeûne. Le croyant est appelé à sortir de sa torpeur au lieu de passer la journée confiné chez lui ou dans des activités distractives. Cette tentative d'éviter les souffrances ramadanesques débouche, selon Chraïbi, sur deux types de jeûneurs : des jeûneurs actifs et des jeûneurs passifs : « En dehors de ceux qui sont obligés de travailler tous les jours pour subvenir à leurs besoins, les gens paressent dans leurs lits

[7] Nombreux sont les jeûneurs qui n'ont du jeûne que la faim et la soif (Hadith)

[8] En vérité, Nous avons révélé le Coran dans la nuit de la Destinée. (XCVII, 1)

jusqu'à midi et font ensuite des parties interminables de poker ou de loto, pour tuer le temps et tromper la faim » (CHRAÏBI, *Le passé simple* 209)

L'heure de la rupture du jeûne qui coïncide avec le crépuscule est toujours très attendue. La nourriture abonde jusqu'à l'aube. Rachid Boudjedra souligne dans *La répudiation*, l'hypocrisie des jeûneurs qui passent la journée à guetter le crépuscule pour renouer avec leurs habitudes avec acharnement :

> Le carême n'était qu'un prétexte pour bien manger durant une longue période, car on se rattrapait la nuit sur l'abstinence somme toute factice du jour » (BOUDJEDRA, *La répudiation* 19)

Dans sa description d'une journée typique de ce mois, Driss montre combien il lui est difficile de rester fidèle à ses origines juives tout en restant l'enfant d'un patriarche musulman :

> Ce soir, je suis damné. J'ai jeûné seize heures. Je parle du Ramadan : ni boire, ni manger, ni fumer, ni coïter. C'est dur. Je le sais si bien que je m'arrange pour ne jeûner qu'un jour sur deux. Naturellement le Seigneur me croit bon Musulman. Mais malheur d'Israël, aujourd'hui j'ai jeûné (CHRAÏBI, *Le passé simple* 21)

Pour dire son refus aux traditions des siens, Abdelhak réagit de manière violente et extravagante aux diktats islamiques en étendant la chaîne d'interdits durant ce mois jusqu'à l'infini:

> Défense de fumer
> Défense de boire et de manger
> Défense de forniquer
> Défense de penser
> Défense de péter
> Défense de…
> Amen !
> Et Messaouda ?
> Défense de la toucher
> Défense de la froisser
> Défense de lui montrer le sexe
> Défense de la regarder
> Défense de lui parler
> Défense de…Merde ! (SERHANE, *Messaouda* 18)

Malgré le caractère austère de cette épreuve, il parait qu'au Maghreb, le Ramadan constitue en général, une occasion salutaire pour plusieurs familles et groupes de société qui développent de petites activités commerciales. Privés toute une journée, les gens vont dépenser plus que d'habitude dans l'achat de toute sorte d'aliments en attendant la rupture du jeûne. De même, des personnes qui n'ont jamais fréquenté la mosquée auparavant, des débauchés et des corrompus vont essayer de se racheter pendant ce mois sacré et tâchent de jouer les personnes vertueuses et généreuses. Mais une fois le Ramadan passé, les gens renouent avec leurs anciennes traditions :

> Te dire que je n'aimais pas le mois de Ramadhan serait mentir. Nous savions guetter la lune. L'attente du mois sacré était

> bénéfique. Zahir s'arrêtait de boire pendant un mois. Ma reprenait espoir. La maison avait un air de fête. On badigeonnait à la chaux toutes les pièces et en particulier la grande cour. On stockait pour un mois des comestibles rares et coûteux (…) Ripailles (…) Le banquet s'organisait chaque jour selon un rite strict et précis. (BOUDJEDRA, *La répudiation* 19)

Les hommes et les femmes tâchant de ne pas éveiller, réciproquement, l'envie sexuelle de leurs partenaires, vont suivre à la seconde l'écoulement du temps jusqu'à la rupture du jeune pour pouvoir s'admirer et jouir l'un de l'autre. L'individu arabo-musulman qui d'habitude n'accorde que peu d'importance au temps[9] et remet tout à plus tard est ici très attentif au temps. Connaissant les faiblesses de ses fidèles, Allah leur a « pardonné » un tel sacrilège et leur a autorisé de coïter durant « la nuit du jeûne »[10] Ce désir latent chez les hommes et les femmes est souvent satisfait en cachette, loin des regards afin de ne pas éveiller les soupçons des autres. Ce n'est pas Allah qu'on craint, mais plutôt l'entourage, les adultes : « Les

---

[9] Ils t'interrogent sur l'Heure : « Quand arrivera-t-elle ?» Dis : « Seul mon Seigneur en a la connaissance. Lui seul la manifesta en son temps. Sourate [Al-Aâraf] (V, 188)

[10] On vous a permis, la nuit d'aS-Siyam, d'avoir des rapports avec vos femmes; elles sont un vêtement pour vous et vous un vêtement pour elles. Allah sait que vous aviez clandestinement des rapports avec vos femmes. Il vous a pardonné et vous a graciés. Cohabitez donc avec elles, maintenant, et cherchez ce qu'Allah a prescrit en votre faveur; mangez et buvez jusqu'à ce que se distingue, pour vous, le fil blanc de l'aube du fil noir de la nuit. Puis accomplissez le jeûne jusqu'à la nuit. Mais ne cohabitez pas avec elles pendant que vous êtes en retraite rituelle dans les mosquées. Voilà les lois d'Allah: ne vous en approchez donc pas (pour les transgresser).C'est ainsi qu'Allah expose aux hommes Ses enseignements, afin qu'ils deviennent pieux (I, 188)

femmes s'excitaient chaque fois à l'approche du crépuscule annonciateur de la délivrance. Les hommes allaient à la mosquée, puis au café ou ils jouaient aux cartes et aux dominos. Les tantes en profitaient pour aller rendre visite. Ma mère sentait bon. Le père nous laissait tranquilles. Zoubida, la marâtre cessait de me harceler. Les rues étaient pleines dès le dîner terminé » (BOUDJEDRA, *La répudiation* 19) Le seul bon moment apprécie par les enfants durant le mois de Ramadan c'est après le dîner quand tout le monde sort dans les rues pour se divertir et se préparer pour le dernier repas Dite ''Sohour''

> Foules. Huées. Cohues. Cafés chantants. Touristes pour la danse du ventre importée d'Egypte via la Tunisie. Lumière. Guirlandes. Camelots tonitruants. Nabots. Clowns. Prestidigitateurs. Ombres chinoises. Garagouz turc. Cinémas en plein air. Nous haletions en attendant l'arrivée de Zorro. Effusions. Rires. Luna park lumineux. Balançoires. (BOUDJEDRA, *La répudiation* 20)

Les parents prennent le chemin des mosquées pour la dernière prière [Al-Îcha'e], certains accompagnés de leurs enfants pour les initier à la tradition.

> Nous accompagnions les grands à la mosquée. Nous partagions alors leurs repas et leurs prières. Nous devenions l'ombre de leur ombre. Nous étions leurs chiens fidèles et obéissants. Nous oubliions pour un long moment les orgies de la rue, les ténèbres de Messaouda, et le liquide sale vieillissait entre ses jambes arquées. Nous nous

> soulagions de temps à autre dans les cabinets de toilette (SERHANE, *Messaouda* 18)

Pour échapper à la frustration sexuelle et au rythme long et épuisant des prières lors des veillées ramadanesques, les adolescents musulmans s'adonnent à la masturbation et au voyeurisme.

> Nous nous mettions derrière les femmes et, priant éperdument, balbutiant des formules incantatoires, nous vénérions la chair blanche et lisse entrevue l'espace d'un embrasement, perdue de vue l'espace d'une ondulation, d'une adulation ; puis à nouveau, la chair glabre et véhémente. (BOUDJEDRA, *La répudiation* 20)

Les scènes ci-dessus montrent que certains individus se réclamant de la religion musulmane n'ont pas (comme il se doit) la foi ferme et sincère en Allah. L'ignorance, la désinformation et l'hypocrisie sont à l'origine de plusieurs amalgames malheureux et d'incompréhensions concernant l'Islam, ce qui laisse voir de nombreuses contradictions dans la conception des Êtres et des choses, des rapports qu'entretiennent respectivement les uns avec les autres et de leurs rôles respectifs dans la société.

En dépit du Hadith qui place « le Paradis sous les pieds de la mère », l'inconscient musulman continue à ne voir en la femme en général qu'un être infidèle et malsain, au service de l'homme, éternellement dévoué aux œuvres du diable. On dit aisément d'elle qu'elle est porte Satan en elle. Entre ces deux images contrastées de la femme (garantissant le paradis/alliée du diable), le comportement de l'individu arabo-musulman envers la femme est souvent dichotomique : vénérant sa mère tout en méprisant son épouse. « Dans l'imaginaire collectif, l'identité féminine est étroitement liée à la notion de danger, si bien que la femme est devenue « la fille de Satan » (*L'amour circoncis* 76) L'homme est donc appelé à se protéger par tous les moyens contre le mal et le danger qu'incarne sa partenaire. Pour la dominer et la mettre sous son éternelle dépendance, toutes les mesures sont permises, de la privation et l'indifférence à la violence.

Dans *Le passé simple*, le père de Driss, un vrai musulman qui prétend être l'égal de Dieu, se montre très sévère et sans pitié dans son comportement envers sa femme. Dans sa solitude et son impuissance (car « La peur lui barre la tête » (BOUDJEDRA, *La répudiation* 33) elle ne trouve que son fils Driss pour pleurer sur son triste sort :

> - Driss, mon fils, lui dit-elle, toi que j'aime entre tous mes fils, par ce ventre d'où tu es sorti, par les neufs mois durant lesquels ce ventre t'a porté, par ce sein qui t'a nourri. Driss mon fils, trouve-moi un moyen de mort rapide et sûr. Driss, mon fils, (ton père) est entré comme une catastrophe, il a déambulé dans toutes les pièces, il a trouvé que le ménage n'était pas fait, de la poussière sous les lits, des punaises dans les matelas, les murs trop chauds, le carrelage très froid, l'air impur, il a injurié mes ancêtres, il m'a injuriée et menacée de me répudier (CHRAÏBI, *Le passé simple* 32)

C'est toujours auprès de leurs fils respectifs Driss, Abdelhak et Rachid que les mères dans les romans maghrébins trouvent une certaine consolation. Ces derniers, aimant leurs mères, haïssant leurs pères font de leurs récits une sorte d'hymne à la femme en général et une dédicace à la mère en particulier. Les trois adoptent à l'égard de leurs pères, une attitude agressive qui frôle le crime des fois, transgressant tous les tabous. Ils refusent d'être aliénés à leur tour à l'autorité parentale, et sont prêts à tout pour sauver les pauvres et impuissants parmi les leurs, et en particulier leurs mères, de l'oppression et la discrimination des pères : « Ton père, mon fils, me battait, confie la mère à son fils dans *Messaouda* (…), il me crachait au visage, m'enfermait à clé, m'injuriait devant les gens… » (SERHANE, *Messaouda* 49) Cette plainte n'est pas sans rappeler un verset coranique très controversé qui conseille au mari de bouder sa femme si elle ne lui est pas dévouée et lui donne même le droit de la battre :

> Et quant à celles dont vous craignez la désobéissance, exhortez-les, éloignez-vous d'elles dans leurs lits et frappez-les. Si elles arrivent à vous obéir, alors ne cherchez plus de voie contre elles, car Allah est certes, Haut et Grand ! (IV, 34)

Ce verset est souvent évoqué par les anti-Islam pour dénoncer l'arbitraire des hommes et justifier leur attitude antireligieuse, s'appuyant en cela sur la Lettre plutôt que l'Esprit du texte coranique. L'arbitraire est tel que le mari n'a même pas besoin d'attendre que sa femme lui désobéisse pour prendre des mesures coercitives contre elle. Il suffit qu'il craigne que sa femme le fasse; une assertion à valeur de condition - « Si vous craignez » - suffit pour lui permettre de déserter le lit conjugal et battre sa femme. En cela, les hommes sont solidaires entre eux contre les femmes. Ainsi, quand la mère dans *Messaouda* vient se réfugier chez ses parents pour fuir l'agression de son mari, son père l'a aussitôt renvoyée donnant raison à son mari de l'avoir battue : « Tu prétends qu'il t'a battue, quel mal y a-t-il à ça ? C'est son droit le plus absolu. N'est-il pas ton mari ? » (SERHANE, *Messaouda* 66) En plus du châtiment corporel, il y a la sécheresse de cœur et des sentiments, le mépris et l'indifférence que l'homme affiche devant sa femme. C'est aussi par le verbe que la violence est souvent perpétrée. Il suffit que le mari menace de répudier son épouse pour que cette dernière se plie à ses ordres. Il a, par conséquent, tous les moyens de son côté pour affermir son pouvoir ; car faiblir, c'est ouvrir la porte à toutes les révoltes, à toutes les revendications féminines. Il faut donc être ferme ! La forme la plus injuste d'abus est la répudiation : « Les hommes ont tous les droits, entre autres celui de répudier leurs femmes » (BOUDJEDRA, *La répudiation* 34) Étant de riches commerçants, les pères dans *Le passé simple* et dans *la répudiation* peuvent s'offrir le luxe d'épouser autant de femmes qu'ils le veulent. La polygamie est aussi un symbole de pouvoir avant tout, de richesse après. C'est ce que fait Si Driss chaque fois que les affaires commerciales tournent bien chez lui :

> Il me menaçait de prendre une autre épouse, dit la mère dans *Messaouda*. Quand il avait beaucoup d'argent, il en voulait deux ou trois. C'était son droit… (SERHANE, *Messaouda* 50)

Les hommes trouvent toujours le prétexte pour vider le Texte de son esprit afin de légitimer leurs comportements anti-féminins et mieux asseoir leur autorité. « Il menaçait de me répudier. J'avais constamment peur. Il n'avait qu'un mot à prononcer » (SERHANE, *Messaouda* 50) La femme demeurera donc toute sa vie hantée par cette cruelle mesure disciplinaire que le Coran condamne certes, mais n'interdit pas : « Le divorce est le droit licite le plus réprouvé par Allah »[11] Il est suggéré en cas de péché majeur tel l'adultère ou lorsque tout espoir de réconciliation entre les deux conjoints aurait disparu :

> Ne les faîtes pas sortir de leurs maisons, recommande le Coran, et qu'elles n'en sortent pas, à moins qu'elles n'aient commis une turpitude prouvée. (LXV, 2)

Aussi bien dans l'un que dans les autres des œuvres à base de ce travail, les épouses sont présentées comme étant ''Obéissantes'' à leurs maris, fidèles et vertueuses. Cela n'a pourtant pas dissuadé Si Driss, Si Zoubir et le Seigneur de leur plan de changer leurs premières épouses vieillissantes contre de jeunes filles laissant aux premières le choix de subir l'affront ou de partir. Sans tenir compte d'une longue cohabitation conjugale (trente ans dans *La Répudiation*, vingt dans *Messaouda*) ni du sort des enfants, les époux n'hésitent pas à répudier des épouses dont le destin ne les préoccupe guère. Voici, par ailleurs, comment Haj Fatmi Ferdi dans *Le passé simple* approche la question :

> Donc la répudiation, dit-il, Permise et bénie par la Loi. Je n'y ai même pas pensé. Peut-être parce que lui donner suite, ou simplement y penser, eut équivaut à accepter l'idée d'une erreur, une erreur de base. (*Le passé simple* 246)

---

[11] Hadith

D'où l'automatisme de la chose, sa normalité. On pratique la répudiation sans même y réfléchir car y réfléchir c'est déjà admettre la possibilité d'une erreur. Or, la loi islamique ne permet pas l'erreur car le Texte est parole de Dieu. Si Dieu a permis et béni la répudiation, il n'y a pas de discussion possible. Il n'y a pas place à l'hésitation.

Le texte coranique, utile en tout temps et en tout lieu, ne permet aucune dérive. En tant que loi immuable, il faut l'appliquer tel quel. Ceci fait l'affaire de certains musulmans qui n'auraient aucun intérêt à le changer ou le faire évoluer même s'il tolérait des retouches.

Dans des sociétés où la commercialisation de la sexualité est monnaie courante, où « Les femmes se vendent sur la place publique, enchaînées aux vaches » (BOUDJEDRA, *La répudiation* 75), renouveler constamment son harem comme on renouvelle sa garde-robe est symbole de pouvoir dans une société patriarcale.

Une fois répudiée, la femme est livrée à elle-même et finit par intégrer le club de femmes qui ont déjà servi : « Répudiées en acte ou en puissance, éternelles renvoyées faisant la navette entre un époux capricieux et un père hostile qui voyait sa quiétude ébranlée et ne savait que faire d'un objet encombrant » (*La répudiation* 38) La loi est manipulée de façon à garantir aux mâles tous les droits et tous les prétextes deviennent bons et légitimes pour se débarrasser d'une épouse vieille ou insoumise. Ainsi fait Si Kettani, dans *Le passé simple*,

> La veille au soir, Kenza servait un bol de soupe. Cette soupe était froide. Par conséquent, il (Si Kettani) a ramassé ses babouches et s'en est allé frapper à la porte de son voisin le notaire. Kenza était

> répudiée. Acte en bonne et due forme. (CHRAÏBI, *Le passé simple* 93)

Se plaindre ou tenter de résister à l'application de la Loi d'Allah constituerait un blasphème de la part de l'épouse lésée :

> D'ailleurs, pouvait-elle s'opposer à l'entreprise de son mari sans aller à contre-courant des écrits coraniques et des décisions des muphtis (...) (BOUDJEDRA, *La répudiation* 63)

L'acte de répudiation est donc un fait, même si l'abus est conséquent. Or, la religion a placé la répudiation entre les mains de l'homme. Pour son propre confort moral et sexuel, il utilise ce droit comme bon lui semble.
L'initiation à l'injustice et à l'acceptation de l'humiliation se fait très tôt :

> Rappelle-toi ! Ici, il n'y a plus de place pour toi, ni pour toutes celles qui sont mariées. Ta place est auprès de ton mari (...) Surtout ne remets plus les pieds ici si tu es fâchée avec lui. Reste chez toi. Le temps arrangera les choses. (SERHANE, *Messaouda* 66)

Curieusement, ce sont les femmes elles-mêmes qui se chargent d'initier leurs filles à subir, tout subir de la part des hommes et d'accepter dans le silence aussi bien les coups, les insultes et les humiliations. La soumission de la femme à son mari étant une condition nécessaire pour le maintien de l'ordre familial qu'Allah a voulu pour Sa communauté, le mari se trouve dans une position sacrée et davantage privilégiée. C'est lui qui a le premier et le dernier mot dans la famille. Il est le dieu de la famille. Le Coran confirme cette qualité première pour les femmes : L'obéissance :

> Les femmes vertueuses sont obéissantes (à leurs maris), et protègent ce qui doit être protégé, pendant l'absence de leurs époux, avec la protection d'Allah. (IV, 35)

Tout le monde dans sa famille, et sa femme en premier, doit se plier à ses exigences. Il est convaincu de la justesse de sa conduite et sait qu'il doit se faire obéir par n'importe quel moyen. « Notre rôle de père est un rôle de guide, dit Haj Fatmi Ferdi. (CHRAÏBI, *Le passé simple* 23) Tout ce qu'il entreprend, il le fait sur ordre divin. Son statut de ''Pater Familias'' lui confère le droit de corriger et de venir par tous les moyens en sa possession à bout de tout débordement dans son foyer. Et les moyens qu'il a appris à utiliser sont la fermeté et la violence. Il peut isoler sa femme et la punir jusqu'à ce qu'elle reconnaisse sa sujétion à lui. C'est d'ailleurs la raison pour laquelle le foyer conjugal est dit aussi « Le foyer de la soumission » (بيت الطاعة) [bay't at-taa3ah]

Mariama Bâ dans *Une si longue lettre* réagit à cet ordre préétabli et se demande s'il n'est pas déjà temps pour que la femme africaine s'émancipe et brise les tabous qui les placent à jamais sous la dépendance du mari. Elle est consciente du hadith du Prophète qui dit : « L'homme et la femme sont des frères siamois devant les droits et les obligations » et œuvre pour que la femme prenne part dans la gestion des affaires nationales pour contribuer à côté de l'homme au développement du pays :

> Presque vingt ans d'indépendance ! A quand la première femme ministre associée aux décisions qui orientent le devenir de notre pays ? Et cependant le militantisme et la capacité des femmes, leur engagement désintéressé ne sont plus à démontrer. La femme a hissé plus d'un homme au pouvoir. (BÂ, *Une si longue lettre* 89-90)

Contrairement aux autres œuvres de ce travail, *Une si longue lettre* possède la particularité d'avoir été écrit de l'intérieur, par une femme. Ramatoullaye dans sa correspondance avec son amie Aissatou y s'attaque au problème de la polygamie et les conséquences d'une telle pratique sur la structure de la famille musulmane. Pour survivre, la première femme se voit obligée d'accepter le partage d'un ménage qu'elle a, elle-même, longtemps entretenu. Ramatoullaye a entendu la voix de la raison et, à contrecœur, accepte le remariage de Modou avec la copine de sa propre fille. Or, d'après la Loi islamique, rien ne doit être entrepris contre le gré de la femme ; surtout dans des affaires la concernant. Son consentement est primordial. Elle se garde le droit de réagir et refuser. C'est ce qu'a fait courageusement Aissatou dans *Une si longue lettre* de Mariama Bâ quand elle n'a pas cédé au poids des traditions et a refusé catégoriquement de vivre dans une relation polygame : « Si tu peux procréer sans aimer, lança-t-elle à son mari Mawdo, rien que pour assouvir l'orgueil d'une mère déclinante, je te trouve vil » (BÂ, *Une si longue lettre* 50) Malheureusement, ce n'est pas toujours le cas où la première épouse est consultée. Quand elle l'est, son accord est déjà acquis. « Elle se tait et n'ose dire qu'elle est d'accord » (*La répudiation* 33) ; obligée de subir l'affront, participant ainsi au maintien de la tyrannie masculine sur elle. Autrement, le mari se réserve tous les droits pour la renvoyer : « Répudiée, je ne vaudrais plus rien du tout. J'étais donc obligée de le subir et de le supporter » (SERHANE, *Messaouda* 51)

L'homme qui pense se remarier s'inspire des hommes comme lui pour se justifier et pour augmenter le nombre de ses concubines :

> Les mâles se frottaient les mains et rêvaient d'une éventuelle fête érotique, à l'instar du gros commerçant. Ils se taisaient d'ailleurs, préférant surprendre leurs épouses par une répudiation sans bavure qu'elles n'oseraient refuser puisqu'elles applaudissaient à celle de Ma (BOUDJEDRA, *La répudiation* 65)

La vie dans le couple musulman est régie par ce que la tradition appelle *La quiwamah*, la responsabilité qui incombe à l'homme de bien entretenir sa femme, de subvenir à ses besoins en nourriture, en logement, en habillement et de veiller sur sa santé. L'acte de mariage qui légalise la vie sexuelle/commune entre l'homme et la femme, déterminant à chacun ses droits et ses devoirs, est conditionné par un montant (la dot) que l'homme doit verser à la femme pour qu'elle devienne sa conjointe. N'ayant pas le droit de travailler à l'extérieur de son foyer, c'est au mari que revient donc la tâche de subvenir à tous les besoins matériels de son épouse. Quand le divorce vient à être prononcé par l'époux, il doit s'acquitter de ''*3idda*'', somme d'argent fixée par le juge au bénéfice de femme répudiée afin qu'elle puisse vivre pendant trois mois et dix jours, le temps qu'elle réorganise sa nouvelle vie.

> Les hommes ont autorité sur les femmes, dit le Coran, en raison des faveurs qu'Allah

> accorde à ceux-là sur celles-ci, et aussi à cause des dépenses qu'ils font de leurs biens (IV, 34)

Selon la version musulmane, l'homme précède la femme alors qu'elle procède de lui. Ce qui le place à « un degré supérieur » à la femme, lui conférant, de surcroît, un certain privilège naturel dans la hiérarchie sociale. L'homme/Adam a été créé par Dieu d'argile. La femme/Eve l'a été de l'une des côtes d'Adam. Si bien que l'imaginaire arabo-musulman a transformé cette fable en « La femme est la côte tordue de l'homme » c'est-à-dire qu'elle représente tous ses défauts.

Dans l'inconscient musulman, la femme est considérée comme un être faible tant sur le plan physique que spirituel. Elle manquerait d'esprit et de sens religieux, selon dit un Hadith souvent mal compris et instrumentalisé. Le Musulman, soit par ignorance, soit par hypocrisie ou, tout simplement, par mimétisme ou conformisme, arrive à détourner le Texte de façon à mettre « Dieu de son côté » Plusieurs pratiques inhérentes à l'Islam viennent justifier la thèse de ce type de Musulman quant à la prééminence masculine. Nous en citons la polygamie (quatre femmes pour un seul homme), le témoignage lors d'un procès (le témoignage de deux femmes vaut celui d'un homme) et l'héritage (deux parts pour le mâle contre une part pour la femelle). D'après le Coran, Allah, certes, différencie entre Ses fidèles, mais en termes de mérite, jamais en termes de sexe, de race, de couleur ou de langue. La survie et l'équilibre de l'univers exigent une multitude d'interactions entre ses composantes dont les forces ne peuvent être partout proportionnelles. L'homme et la femme, étant les êtres suprêmes de cet univers, il serait naturel qu'il y ait parmi eux, un dominant et un dominé. Une telle distinction est nécessaire pour le maintien de l'ordre social : « Et si Allah ne neutralisait pas une partie des hommes par une autre, la terre serait certainement corrompue » (II, 251)

Si la différence est l'essence même du monde, celle établie entre l'homme et la femme, frères siamois, n'a rien de discriminatoire. Si discrimination il y avait, elle devrait aussi atteindre les hommes entre eux, les uns par rapport aux autres, pas uniquement par rapport aux femmes. Or, même quand Allah choisit un messager, Il lui fait rappeler qu'il n'a de supérieur par rapport aux autres hommes de sa communauté que la confiance et l'habilité nécessaires pour porter et délivrer Ses Messages.

L'étude du *passé simple*, de *La répudiation* et de *Messaouda* révèle que les rapports conjugaux dans le couple arabo-musulman sont le plus souvent des rapports de force caractérisés par la violence physique et morale de l'homme sur sa femme. En dominant physiquement, moralement et financièrement son épouse, l'homme ne fait que rééditer l'image coranique de la suprématie masculine et de la notion de danger inhérente à la femme[12].

> Les différentes agressions contre le sexe faible doivent contribuer au maintien de l'organisation et de la hiérarchie sociale ou l'homme occupe une place de choix (SERHANE, *L'amour circoncis* 76)

Selon ces mêmes romans, l'homme et la femme qui sont sur le seuil de lier leur destin pour la vie, sont des étrangers l'un pour l'autre. En général, dans les familles arabo-musulmanes traditionnelles, ce sont les parents qui vont choisir leur future bru et régler les modalités du

---

[12] Vos ruses sont vraiment énormes. (XII, 28)

mariage. Le candidat au mariage n'est concerné qu'en dernier lieu. La mère dans *Messaouda* confirme cela dans ses confessions à son fils : « Je ne l'avais jamais rencontré auparavant, jamais vu... » (SERHANE, *Messaouda* 45) Ne l'ayant jamais rencontrée avant cette première nuit, le futur mari doit d'abord découvrir l'identité sexuelle de sa future compagne, avant de décider d'avoir ou non des sentiments pour elle. Contrairement aux couples Fama-Salimata dans Les soleils des Indépendances, Ramatoullaye-Modou et Mawdo-Aissatou dans Une si longue lettre dans lesquels chacun des deux partenaires a eu la chance de connaître l'autre et de l'admirer.

> (Salimata) s'est rappelé la première fois qu'elle a vu Fama dans le cercle de danse : le plus haut garçon du Hourodougou, le plus noir, du noir brillant du charbon, les dents blanches, les gestes, la voix, les richesses d'un prince. Elle l'avait aimé aussitôt ; lui, Fama, avait soupiré : « Salimata, tu es la plus belle chose vivante de la brousse et du village du Hourodougou. (KOUROUMA, *Les soleils des indépendances* 47)

Une si longue lettre confirme notre remarque et montre comment le cadre scolaire a favorisé la rencontre entre Modou et Ramatoullaye, d'un côté, et entre Mawdo et Aissatou, de l'autre. Toutefois, regrette Mariama Bâ, « Le rêve assimilationniste du colonisateur » (AÏT SEBBAH, *La femme dans l'inconscient musulman*, 47) n'a pas réussi à éliminer des pratiques séculaires telles la polygamie et l'ingérence du groupe dans la vie privée du couple. L'auteur pose clairement ici la problématique qui a toujours préoccupé le monde musulman aujourd'hui :

Faut-il rester fidèle aux traditions et les valeurs islamiques et rejeter tout ce qui vient d'ailleurs ou embrasser d'autres valeurs plus humanitaires même si elles sont étrangères à l'Islam ? Une cohabitation entre les deux est-elle possible ?

La tradition dans les relations homme-femme en Afrique subsaharienne semble plus proche de celle en Occident où l'amour constitue souvent un préalable au mariage et « Les unions matrimoniales, comme dit Haj Ferdi, commencent par des banalités » , alors que « chez nous, poursuit-il, elles commencent par la fin » (CHRAÏBI, *Le passé simple* 243) En effet, dans la tradition musulmane, toute relation sentimentale entre un homme et une femme mariés est exclusivement une affaire du Ciel : « Dieu m'a permis d'aimer (Aïcha), confie Haj Ferdi » (CHRAÏBI, *Le passé simple* 236) Si un homme et une femme s'aiment, c'est parce qu'Allah en a décidé ainsi et aurait établi entre eux « affection et de tendresse » (XXX, 21) La volonté d'Allah étant inébranlable, il appartient, dès lors, aux deux partenaires de veiller sur ce qu'Allah a voulu pour eux et de faire fructifier leur relation.

Épouser une fillette est un acte commun entre les trois pères dans les romans maghrébins. La manière succincte qui tient presque du style télégraphique, avec laquelle Rachid Boudjedra expose le fait laisse voir tout de suite la contradiction qui caractérise ce phénomène : « La mariée avait quinze ans. Mon père, cinquante » (*La répudiation* 64) La première femme de Si Driss dans *Messaouda* était encore trop jeune pour le mariage : « J'avais quatorze ans; je venais d'avoir mes premières règles…, dit-elle » (SERHANE, *Messaouda* 45) Malgré la différence d'âge pas très élevée entre Si Driss (24 ans à l'époque) et sa première femme, ce mariage semble pourtant avoir traumatisé le personnage de la mère dans ce roman.

Contrairement à Si Driss, Hadj Fatmi reconnaît lui-même le fait en question : « Je suis vieux, (Aïcha) avait seize ans ; elle acceptait de coucher avec moi, je l'aimais » (CHRAÏBI, *Le passé simple* 236)

Amoureux de femmes, certains mâles musulmans, par hypocrisie, ne gardent en mémoire que le dernier mariage du prophète avec Aïcha (neuf ans). Pourtant, la Sunna rapporte également que le premier mariage de Mohammad a eu lieu à l'âge de vingt-cinq ans quand Khadija, une riche commerçante, divorcée, en avait quarante-cinq. Malgré le fait que le couple n'a eu que des filles, le prophète n'a jamais répudié Khadija. Il ne s'est jamais remarié de son vivant non plus. Mais l'instrumentalisation de la religion est telle qu'on n'aime imiter le prophète que dans ce qui fait l'affaire d'hommes comme Hadj Fatmi et Si Zoubir.

La nuit nuptiale constitue, en principe, la première occasion pour l'homme et la femme de se découvrir et de se connaître. Or, généralement, le premier lien qui s'établit entre les deux lors de cette nuit est un lien sexuel où la virginité de l'épouse doit répondre à la virilité de l'époux. Avant toute chose, l'acte premier qui permet la rencontre est un acte physique, charnel, souvent caractérise de viol.

La scène telle qu'elle est rapportée par la mère du narrateur dans *Messaouda* montre que le couple inaugure sa vie dans la violence et dans le sang :

> (Ton père) était si brutal, dit-elle, que j'étais prise de panique. On aurait dit qu'il avait affaire à une ennemie. Il s'était rué sur moi comme un animal affamé. (SERHANE, *Messaouda* 46)

Chacun des deux protagonistes dans ce duel sait qu'il a une cause à défendre : L'homme, la suprématie masculine, la virilité de tout un clan. La femme l'honneur et la pureté des siens. Mais au-delà de sa lignée, la femme cherche surtout à mériter une protection financière et sociale. Le sang qui doit être versé en est le prix. Son abondance est symbole de bon augure ; un sacrifice qui doit calmer les esprits de chacun et apaiser un climat tendu. L'atmosphère dans laquelle se déroule la scène de défloration va marquer le couple à jamais. Nombreux sont les couples qui entament leur vie pour la terminer cette même nuit à cause de l'absence de sang. L'atrocité de l'acte sexuel témoigne de la puissance virile du mari et l'abondance de sang qui en découle de la pureté de la femme. Le narrateur second dans *Messaouda* se remémore les souffrances de cette première nuit et dit:

> (Ton père) m'avait malmenée des heures. A l'aube, il n'avait toujours pas réussi à me pénétrer ; j'étais crispée. Dehors, les gens avaient commencé à se poser des questions sur ma virginité et sur sa virilité. Ensuite, ton père était sorti manger du miel et des amandes grillées puis était revenu accompagné de Lalla M'barka la laveuse des morts. Celle-ci m'avait enduit le sexe avec de l'huile d'olive et m'avait écarté les jambes dans la direction de ton père. Tout de suite après, je m'étais évanouie. Quand j'avais repris connaissance, ton père n'était plus là. Le drap et le pantalon tâchés de sang étaient accrochés à un clou au-dessus de ma tête. Cette nuit-là, j'avais perdu ce qui faisait ma valeur (SERHANE, *Messaouda* 46)

La virginité de la jeune mariée recouvre, au Maghreb, une importance très particulière et est chargée de plusieurs symboles. Elle est rattachée à la notion d'honneur dans la culture arabo-musulmane et est, par conséquent, une condition préalable au mariage. Épouser une vierge est une fierté pour l'homme. Une mariée qui n'en fait pas preuve se met déjà dans le rang de femmes infidèles. La femme doit donc garder l'hymen intact pour l'honneur de la tribu et le plaisir du mari et est, par conséquent, élevée dans « le culte de la nécessaire virginité » (BOUHDIBA, *La sexualité en Islam* 225). La nuit de noces est célébrée dans le faste parce qu'elle valorise l'homme. Les parents qui préservent jalousement la virginité de leur fille acceptent de voir en elle une violée et un violeur en l'homme qui va l'épouser. Plus le sang abonde, plus l'orgueil de l'homme est sans égal :

> Noces drues, témoigne Rachid dans *La Répudiation*. La mariée avait quinze ans. Mon père, cinquante. Noces crispées. Abondance de sang. Les vieilles femmes étaient éblouies en lavant les draps, le lendemain. Les tambourins, toute la nuit, avaient couvert les supplices de la chair déchirée par l'organe monstrueux du patriarche. Pétales de jasmin sur le corps meurtri de la fillette. (BOUDJEDRA, *La répudiation* 64)

La défloration achevée, l'homme est content de lui. Deux mondes s'affirment : celui de l'homme qui disparaît entouré de parents et amis qui le félicitent et celui de la femme dont les parents et amies se précipitent pour la panser. Comme les Africaines qui se chargent de l'excision des fillettes, les Maghrébines perpétuent la mystique de la virginité. Le narrateur est choqué par la foule en délire à la vue du sang et tout autant par les femmes qui se réjouissent devant une gamine blessée, « déflorée presque publiquement » (BOUHDIBA, *La sexualité en Islam* 225). Dans *Messaouda*, c'est la mère elle-même qui raconte son expérience et rapporte les souvenirs douloureux de ses noces :

> Le lendemain matin, mon sang fit le tour de la ville sur un plateau en argent. Je venais de boucler l'anneau de la légitimité autour de ma vie et de sauver l'orgueil des miens. Notre honneur était sauf (SERHANE, *Messaouda* 48)

Le sang est doublement symbolique dans les romans maghrébins. Pour la femme, c'est une projection dans la vierge Marie. Pour l'homme, c'est goûter au plaisir féminin avant la grande joie de retrouver ces houris vierges que personne avant lui n'auraient approchées :

> Des houris cloîtrées dans les tentes,
> Lequel donc des bienfaits de votre Seigneur nierez-vous ? Nul homme ni génie n'aura auparavant effleurées (LV, 56)

La violence qui caractérise la nuit nuptiale dans les romans maghrébins est due à la conception que l'inconscient musulman se fait de la femme et que résume cette phrase de *L'amour circoncis*: « En toute femme dort une prostituée » (SERHANE, *L'amour circoncis* 92); ce qui n'est pas sans nous rappeler la mystique de la Vagina dentata qui imagine la femme comme un être sexuellement insatiable dont il faut sans cesse se méfier. On a d'ailleurs souvent entendu des candidats au mariage au Maghreb faire un vœu de la sorte : « Moi, j'aimerais épouser une très jeune fille de façon à ce que je puisse l'élever à ma manière et en faire la femme qui me convient » Derrière de telles intentions se dissimulent la peur ressentie par l'homme face à la femme, la méfiance qu'il continue à nourrir envers elle, en plus des penchants pédophiliques et incestueux qu'il entretient. « Les rapports sexuels homme/femme seront des rapports régis par la peur de l'autre. La méfiance sera la règle » (SERHANE, *L'amour circoncis* 92) Cette crispation et cette méfiance est généralement due à l'absence d'amour entre les deux fraîchement mariés. Voici un prétexte que se trouve généralement l'homme dans les sociétés arabo-musulmanes pour battre sa femme :

> Il m'a battue le jour où j'ai donné naissance à ma première fille. Il voulait un garçon (…) Il a menacé de me répudier. (SERHANE, *Messaouda* 60)

Par sa violence, Si Driss se projette loin dans le passé, dans l'époque antéislamique de la ''*Jahiliyyah*'' (âge de l'ignorance) et certaines pratiques barbares auxquelles s'adonnaient les Arabes dont celle-ci:

> Et lorsqu'on annonce à l'un d'entre eux la naissance d'une fille, son visage s'assombrit et arrive à peine à contenir sa colère. Il se dérobe aux regards des gens, le cœur meurtri par cette nouvelle, se demandant s'il va conserver cet enfant malgré le déshonneur ou s'il va l'ensevelir dans la poussière. Quel odieux jugement ! (XVI, 58-59)

Il n'y a pas de plus grande honte (''*hech'ma''*, ''*shouha*'', dit-on au Maroc) pour un Arabe que de voir sa fille traîner secrètement ou coucher illégalement avec un autre homme, surtout avec quelqu'un de sa propre tribu. C'est pourquoi, la naissance d'une fille était conçue comme un mauvais présage et que, par conséquent, il fallait l'enterrer vivante dès sa naissance. Entre autres mérites de l'Islam, il y a le fait d'avoir réussi à éradiquer l'infanticide des hommes. Cependant, l'infanticide le plus condamnable en Islam serait celui dont les auteurs sont les femmes elles-mêmes. En effet, l'avortement (et à un degré moins condamnable, l'abandon) est tout simplement considéré comme un assassinat.

Généralement, l'homme arabo-musulman évite d'évoquer son amour pour une femme (si toutefois, il lui en éprouve). La femme de son côté, n'a pas le droit de refuser sous aucun prétexte, un homme qui vient demander sa main. Du moment qu'il est capable de subvenir à ses besoins et de les nourrir, elle n'a pas de raison de le refuser: « Tu es nourrie, tu es logée, que veux-tu de plus ? » (SERHANE, *Messaouda* 66) Dans le bilan de vie qu'il dépose face à son fils Driss, le Seigneur Hadj Fatmi Ferdi justifie les attitudes sévères et des fois inhumaines qu'il entreprenait contre sa femme. L'indifférence qu'il manifestait à son égard était un moyen pour lui de se faire craindre et respecter.

> Mes comportements envers feue ta mère et mon épouse, dit-il à Driss, étaient : l'autorité, la sécheresse de cœur, le mépris. Et tu en déduisais : cet homme est détestable. Je vais détruire, écoute bien. T'es-tu guère demandé pourquoi ? Oui, pourquoi je la traitais comme du bétail ? (CHRAÏBI, *Le passé simple* 242)

Par sa négligence et le rabaissement de sa femme jusqu'au rang de bétail, Haj Ferdi va à l'encontre des enseignements islamiques et surtout à l'encontre du hadith qui fait de l'homme et de la femme des frères siamois ayant les mêmes droits et les mêmes obligations. Le patriarche remet en question toute une institution religieuse en proclamant, par exemple, que son comportement même sévère avec sa femme vaut mieux que la répudiation suggérée par l'Islam pour régler les conflits conjugaux. L'erreur n'est pas en lui, Haj Fatmi Ferdi, c'est dans la religion qu'il faut la chercher. Même la polygamie, proposée par l'Islam, ne sied pas à un « intellectuel »[13] comme lui : « Les quatre épouses traditionnelles ? J'aime la tranquillité. De plus, je suis capable d'une mesure, non de quatre » (CHRAÏBI, *Le passé simple* 247) Deux visions s'opposent à ce niveau : celle d'un patriarche éclairé et celle d'un « vaurien qui ne connaissait que dormir (…) ce gros mangeur qui n'apportait rien » (KOUROUMA, *Les soleils des indépendances* 41), ingrat et rouspéteur comme Fama qui pense qu'une seconde épouse va lui rendre tant soit peu de son glorieux passé :

> Fama, Fama, disait Salimata, réfléchis, regarde-toi. Te sens-tu capable d'en chevaucher deux ? Avec moi, c'est aussi difficile que tirer l'eau d'une montagne. (KOUROUMA, *Les soleils des indépendances* 93)

En plus de l'héritage religieux et civilisationnel qui recommande à l'homme d'être juste et indulgent envers sa femme et lui faire preuve d'affection et de tendresse, il y a

---

[13] Nous réglons (notre malentendu), intellectuellement, en hommes. (CHRAÏBI, Le *passé simple* 252)

aussi l'héritage culturel et artistique arabe qui est riche en textes poétiques sur l'amour, la passion, la séduction, l'érotisme...Cependant, dans la pratique, l'individu arabo-musulman demeure incapable de trouver la formule adéquate pour déclarer son amour à une femme (quand toutefois il trouve le courage de le faire). Il se sent gêné et a l'impression de parler une langue qui n'est pas la sienne.

> Cependant, chez les Arabes, l'amour n'est roi que dans la mesure où il se cantonne à l'évocation orale et à la chanson. Dans bien des cas, il ne peut encore se transformer en gestes. La tendresse entre amants, devant une tierce personne, est toujours une tendresse de regard. Aucun mot, ni aucun geste ne peut la dévoiler : ce serait inconvenant. (Malek CHEBEL, *L'imaginaire arabo-musulman* 350)

Devant cette négation des sentiments, ce sont des stéréotypes qui vont régir la vie du couple. On essaie de faire comme fait l'autre. Les films égyptiens, par exemple, ont été pour beaucoup dans le façonnement du rapport homme/femme dans le monde arabe. Il faut noter aussi ce déphasage dans l'emploi des deux aspects de la langue arabe : l'arabe classique et l'arabe dialectal. Le premier est réservé à l'usage scolaire, aux discours officiels, à la presse et à certaines formes d'expression artistique. Au moment où la grande majorité ne sait parler que les dialectes. Par conséquent, outre la faiblesse qu'elle cache, la formule [Ohibbok], qui, en arabe classique, veut dire « Je t'aime », ne convient pas à l'individu au Maghreb qui utilise plutôt le vocable ''Kan'bghik'' qui s'applique aussi bien au sentiment qu'à l'objet.

L'image féminine qui nous est renvoyée par tous les textes à base de notre travail est celle d'une musulmane plutôt soumise qui ne peut rien entreprendre par elle-même. Fait curieux relevé dans les romans maghrébins, comme c'est le cas dans le Coran[14], les personnages mères ne sont jamais nommés. Les narrateurs ne les appellent que par des vocables rappelant leur fonction maternelle et qui rendent la relation entre les deux plus forte et affectueuse: Mère, pour Driss dans *Le passé simple*; Mi, pour Abdelhak dans *Messaouda* et Ma, pour Rachid dans *La répudiation*. Par cette absence-présence de sa personne, la mère semble répondre parfaitement à la définition qu'en donne Nafzaoui dans *La Prairie parfumée*[15] :

> Elle rira peu, parlera rarement d'une façon inutile. Elle trouvera ses pieds lourds à traîner quand elle voudra vagabonder hors de chez elle…se tiendra en permanence à sa demeure, elle aura la langue courte et ne parlera pas beaucoup (AÏT SEBBAH, *La femme dans l'inconscient musulman* 47)

Messaouda vient compléter ce portrait en disant:

> Elle marche toujours en rasant les murs, n'ose pas lever les yeux sur un mâle…quand elle s'adresse à un homme, elle garde les yeux baissés comme autrefois et l'appelle « Sidi » (SERHANE, *Messaouda* 158)

---

[14] La seule femme désignée par son nom propre dans le Coran est Mariam, la mère de Jésus.

[15] *La Prairie parfumée* [*Ar rawdo al-aater fi nuzhati al Khater*], du Cheikh érotologue tunisien An-nafzaoui, *in La femme dans l'inconscient musulman*. p.43

Haj Fatmi Ferdi, connu pour son ouverture d'esprit, n'y voit qu'une chose parmi d'autres de ses contingences terrestres dont la tâche est de savoir bien préparer ses repas, bien border son lit, entretenir propre son linge, « Obéissante, soumise, honnête (la fidélité ne se considère même pas »

De ce qui précède, on conclue que la femme dans la culture arabo-musulmane est réputée principalement pour sa fonction en tant que :

- Mère capable de reproduire, servir sans réserve son mari, et veiller sans relâche à l'entretien de son ménage, « spécifiquement créée pour la fécondité saine et multiple » (CHRAÏBI, *Le passé simple* 244)
- Et en tant qu'épouse (objet sexuel)

Si Driss, dans *Messaouda*, distingue bien entre les deux conditions qui doivent se réunir dans une femme : « Ta mère, dit-il à son fils, était une mère parfaite mais une épouse lointaine » (SERHANE, *Messaouda* 176)

À la différence la femme au Maghreb, la femme en Afrique subsaharienne, semble-t-il, jouit d'une certaine émancipation ; mais c'est généralement, pour subvenir aux besoins de sa famille. Toutefois, cela ne veut pas dire qu'elle est exonérée de ses premières obligations envers son mari et son foyer. Salimata, par exemple, joue à la fois le rôle de femme de ménage chez elle et de seule responsable de la gestion financière de son foyer (Fama étant presque inexistant) : « Allah a dit que le paradis de la femme se gagnait dans la fumée de l'accomplissement du devoir de son mari » (KOUROUMA, *Les soleils des indépendances* 177). L'auteur parodie ici le célèbre verset coranique qui dit :

> Les hommes ont la charge et la direction des femmes en raison des avantages que Dieu leur a accordés sur elles, et en raison aussi des dépenses qu'ils effectuent pour assurer leur entretien (IV, 34)

De surcroît, Kourouma inverse l'ordre coranique qui veut que ce soit l'homme qui doit subvenir aux besoins de son épouse et que ce soit lui encore et toujours qui a l'autorité sur elle, pas le contraire :

> Retirée dans un coin, elle bramera des chants avec des paroles philosophant sur la misère humaine, sur la misère des épouses qui nourrissent, vêtent et logent leur mari, sur la misère des épouses devant l'ingratitude des hommes, sur les devoirs des maris, sur la stérilité, sur l'obligation de loger chaque coépouse dans sa chambre (*Les soleils des indépendances* 55)

Au Maghreb, cette hiérarchie coranique, la suprématie de l'homme sur la femme est maintenue quelles que soient les conditions de vie du couple et quel que soit le comportement du mari envers son épouse. Le père est, d'ailleurs, dit le dieu de la famille. Par principe donc, la gestion financière du foyer incombe au chef de la famille. *La répudiation* témoigne de cet ostracisme dont est victime la femme en montrant combien ses déplacements sont contrôlés par son mari et aussi par les mâles de sa tribu :

> Elle ne sortait que rarement, pour rendre visite à des amies, ou pour aller au bain maure, à la fin du cycle menstruel. Chaque

> fois, ma mère demandait l'autorisation de sortie à mon père qui ne l'accordait que parcimonieusement (BOUDJEDRA, *La répudiation* 40)

Même lorsque le mari daigne accorder une telle faveur à sa femme, il juge très nécessaire de la faire accompagner par un homme digne de confiance. Car pour les sociétés arabo-musulmanes, « Une femme n'est jamais adulte » (BOUDJEDRA, *La répudiation* 40) Dans *Le passé simple,* par exemple, c'est le fils qui accompagne sa mère dans son voyage à Fès, envoyée en urgence par son mari, se recueillir sur la tombe du marabout de la ville afin que cesse sa crise économique et que ses affaires reprennent :

> Va, avait dit le Seigneur à son fils Driss, va à Fès (chemin de Damas), tu accompagneras ta mère ; son père est marabout. (CHRAÏBI, *Le passé simple* 78)

Malgré le fait qu'un quart de siècle sépare la sortie du *passé simple* de celle de *Messaouda*, la femme continue à être perçue comme une créature dont il faut toujours se méfier :

> Je sortais une fois par moi pour me rendre au hammam, une fois par an pour me recueillir sur la tombe de Sidi Ben H'midane. Sa sœur m'accompagnait dans mes déplacements, je n'avais pas le droit de sortir seule (SERHANE, *Messaouda* 49)

N'ayant jamais confiance en sa femme et la considérant à jamais mineure, l'homme lui interdit tout simplement de sortir seule. « L'homme respectable est celui qui maîtrise les comportements sexuels des femmes qui sont sous sa tutelle » (SERHANE, *L'amour circoncis* 17) La tradition qui veut que la femme soit toujours accompagnée dans ses sorties par le mâle le plus proche au mari, veut aussi qu'elle soit éloignée des espaces occupés par les hommes. Elle doit passer invisible pour tout homme étranger à la famille. En cas de présence de mâles inconnus, c'est un rideau qui doit séparer les sexes conformément au verset coranique qui dit :

> Et si vous leur demandez quelque objet, demandez-le leur derrière un rideau: c'est plus pur pour vos cœurs et leurs cœurs (XXXIII, 53)

Quand une femme est admise dans un cercle d'hommes, elle doit être sans opinion, les yeux baissés. Son silence est très bien vu. Elle n'a pas droit au chapitre de la parole.

> Mes oncles rentraient (…). Tout de suite le silence était rétabli parmi les femelles piaillantes. Les hommes parlaient fort, donnaient des ordres stricts. Les femmes chuchotaient, obtempéraient.
> (BOUDJEDRA, *La répudiation* 46)

« Le silence est une opinion », c'est ainsi que Driss Chraïbi introduit le premier chapitre du *passé simple* (13) De prime abord, l'auteur nous introduit dans le monde de l'incommunicabilité. Si communément, le silence veut dire absence de parole, il nous parait que ces instances (Le silence/La parole) sont en fait indissociables. Car on n'impose le silence qu'à celui ou à celle dont on craint la parole. L'acte de parler dans les sociétés au Maghreb n'appartient qu'aux grands et puissants du genre du Seigneur, hadj Fatmi Ferdi, Si Driss ou Si Zoubir. Cependant, une parole marginale est aussi tolérée chez les fous et autres exclus de la société tel ce mendiant dont la voix vient percer les murs de la maison du patriarche dans *Le passé simple* ou dans *Messaouda*.

Driss, le narrateur du *passé simple*, par sa double culture orientale et occidentale, devient un élément dangereux et nuisible pour le règne et le statut social du tout-puissant Hadj Fatmi Ferdi. C'est pourquoi, il a été, lui aussi, réduit au silence. Si une subalterne avait la possibilité de s'exprimer, toute l'image patriarcale serait ternie et son prestige s'effondrerait. C'est l'autorité dans toutes ses dimensions qui serait remise en cause. Mais en attendant ce jour, la seule « opinion » que couve le silence dans le roman de Chraïbi est celle de Driss qui réussit dans la deuxième partie du roman à briser le silence pour s'accaparer la parole à son tour et mener sa révolte. C'est autour de la vieille génération d'écouter la plus jeune. Comme l'affirmait Jaques Prévert en 1936 dans un poème intitulé '' *Le temps des noyaux* '' :

> En arrière grand-père
> En arrière père et mère
> En arrière grands-parents
> En arrière vieux militaires
> En arrière les vieux aumôniers
> La séance est terminée
> Maintenant pour les enfants
> Le spectacle va commencer
> (Jaques PRÉVERT, *Paroles* 76)

Ici, la condamnation de Prévert est totale.

Dans une telle société, le silence qu'on impose aux plus petits est un silence institutionnalisé, hiérarchisé, accepté par tous. « Il faut se taire : Mon père ne permettait aucune manifestation », (BOUDJEDRA, *La répudiation* 33) Le monopole de la parole appartient aux plus âgés et aux hommes les plus distingués de la société : « Les hommes parlaient fort, donnaient des ordres stricts. Les femmes chuchotaient, obtempéraient » (BOUDJEDRA, *La répudiation* 46)

Le silence des femmes est respecté. Quand elles parlent, c'est pour ''piailler''. Mais c'est souvent pour approuver les propos et les décisions prises par les hommes, même celles qui se font contre elles. Dans sa plus grande résignation, la mère de Rachid, par exemple, trouve tous les prétextes pour pardonner à son mari son recours à l'adultère. Elle a intégré de manière parfaite son sentiment d'infériorité en tant que femelle sans grande valeur. « (Ma) était au courant des maîtresses, mais trouvait normal qu'un homme put tromper sa femme » (BOUDJEDRA, *La répudiation* 40)

Devant cette servitude imposée, le narrateur ne peut que déplorer l'attitude lâche de sa mère : « Ma mère est au courant. Aucune révolte ! Aucune soumission ! Elle se tait et n'ose dire qu'elle est d'accord » (BOUDJEDRA, *La répudiation* 33)

Le silence, dit le proverbe, est sagesse[16] ; il est d'or contrairement à la parole qui est d'argent. Une femme sage, une épouse bénie, une fille de bonne éducation, sont celles qui s'emmurent dans le silence. C'est le meilleur moyen d'étouffer toute velléité de liberté ou de révolte.

Par leur réaction contre la totale soumission de leurs mères, les narrateurs dans les romans maghrébins rappellent le philosophe français Etienne de La Boétie, et son essai philosophique *Discours de la servitude*

---

[16] [As-Samto Hikmah] الصمت حكمة

volontaire sur la perte de la liberté chez les peuples habitués à être serviles:

> Il est incroyable de voir comme le peuple, dès qu'il est assujetti, tombe soudain dans un si profond oubli de sa liberté qu'il lui est impossible de se réveiller pour la reconquérir : Il sert si bien, et si volontiers, qu'on dirait à le voir qu'il n'a pas seulement perdu sa liberté mais bien gagne sa servitude[17]

Les épouses optent pour la résignation car les pressions sociales, le chômage, l'ignorance et les tabous qui circulent dans la société sont tels que le plus grand malheur pour une femme c'est finir seule le restant de sa vie, sans aucun soutien financier et moral s'il leur arrive d'être répudiée. En effet, rares sont les familles qui acceptent de récupérer leurs filles répudiées. C'est une charge de plus pour les parents et surtout une honte et un déshonneur pour toute la famille : « Ma savait qu'il y allait de l'honneur de la famille. Trente ans. Elle allait en finir avec sa vie de femme visitée conjugalement et dignement par le male effréné…» (BOUDJEDRA, *La répudiation* 37) La femme n'a donc d'autre choix que d'endurer silencieusement l'arbitraire du mari qui, d'ailleurs, trouve toujours dans la religion le moyen de justifier son comportement misogyne pour acculer davantage son épouse davantage à la résignation :

> Le père vint demander conseil à Ma qui fut tout de suite d'accord…d'ailleurs, pouvait-elle s'opposer à l'entreprise de son mari

[17] Philosophe français (1530-1563), *Discours de la servitude volontaire.*

> sans aller à contre-courant des écrits coraniques et des décisions des muphtis, prêts à l'entreprendre jour et nuit si elle avait eu la mauvaise idée de ne pas se résigner ? (BOUDJEDRA, *La répudiation* 63)

Tout se fait dans le silence, la discrétion et l'obscurité. Ainsi, exprimer verbalement ses désirs et ses sentiments pour son conjoint devient comme une violation d'un ordre préétabli. Ce serait remettre en question le code social établi et reconnu par tous comme élément constitutif de la ''Umma'', communauté viable et à l' abri des turbulences : « Le repas terminé, (Ma) attend un ordre. Elle se déshabille en silence et très lentement, comme on va à l'échafaud… » (*La répudiation* 34) L'auteur a bien dénoncé l'atmosphère délétère où baigne la famille maghrébine : « La maison, dit-il, sentait l'abattoir » (66)

Dans l'imaginaire collectif, la nuit et l'obscurité ont entre autres significations le silence et la mort, le supplice. La nuit, cette incommunicabilité recherchée s'impose presque naturellement. Voici comment le Fakir décrit cette atmosphère qui vient régner sur la famille avec la tombée du jour.

> La nuit. Toujours la nuit. Elle m'apportait le même supplice dans un habit usé, supplice qui ne prenait fin qu'avec le lever du jour. La nuit, mes six frères et sœurs dormaient serres les uns contre les autres. Ma mère attendait pendant que mon père buvait son thé et fumait (SERHANE, *Messaouda* 72)

La nuit représente le moment idéal durant lequel se pratiquent les rapports sexuels dans tout ce qu'ils ont de violent et de frustrant à la fois. L'angoisse ressentie par le Fakir pendant les ébats amoureux des parents est telle qu'elle est exacerbée par le silence :

> Ma mère grimpait sur le lit et attendait. Mon père faisait sa prière et la rejoignait aussitôt après. Dès que la bougie rendait l'âme, laissant les lieux dans une impossible obscurité, les ombres m'entraînaient dans d'obscures imaginations. Puis, très vite, me parvenait le bruit du lit. Mon père toussait, se démenait, grognait (SERHANE, *Messaouda* 76)

Ce climat de silence dans les romans subsahariens revêt une autre forme. Les circonstances qui l'imposent sont différentes de celles relevées dans les romans maghrébins. En effet, Fama, par exemple, n'a de commun avec Haj Fatmi Ferdi, Si Driss et Si Zoubir que la religion qui, nous semble-t-il, n'est pas comprise de la même manière de part et d'autre di Sahara. Il n'a guère l'intention de réduire au silence Salimata. Mais par son attitude colérique et sa haine constante pour les soleils des indépendances et les enfants des soleils des indépendances, il n'est pas disposé à écouter sa partenaire. Quand il se ravise, c'est déjà trop tard :

> - Salimata, que dis-tu ?
> - Je ne parle à personne, répond-elle. (KOUROUMA, *Les soleils des indépendances* 95)

Fama ne parle presque jamais. Quand toutefois il le fait, c'est pour injurier, rouspéter ou s'indigner. Ce qui le rend pathétique aux yeux du lecteur, c'est qu'il ne s'est jamais montré violent envers Salimata. Il ne l'a jamais maltraitée ou fait des reproches.

A la différence essentielle entre l'épouse en Afrique subsaharienne qui apostrophe son mari, son homologue au Maghreb s'enferme dans le silence et dans les larmes des impuissants.
Ainsi, et contrairement aux épouses dans les romans maghrébins, Salimata a cette possibilité d'accaparer la parole pour crier son mal et son désarroi. Or, souvent, elle préfère s'emmurer dans le silence, pour intérioriser le mal que lui cause Fama.

N'ayant pas le droit à la parole et à la contestation, c'est auprès de leurs fils narrateurs qu'elles vont trouver refuge. Ce sont des confidents idéaux qui transmettent la douleur des mères maghrébines et arabo-musulmanes en général:

> Driss mon fils, dit l'épouse de Hadj Fatmi Ferdi, toi que j'aime entre tous mes fils (...) trouve-moi un moyen de mort rapide et sûr. Driss mon fils, il est entré comme une catastrophe (...) Il a injurié mes ancêtres, il m'a injuriée et menacée de me répudier (CHRAÏBI, *Le passé simple* 32)

Dans *Messaouda*, la mère fait les mêmes confidences à son fils :

> Tu es la fierté de la famille, tu es ma fierté. Tu m'as fait oublier ma misère et ma condition. J'ai confiance en toi.

> Tu es un homme à présent. Tu peux faire beaucoup si tu veux. Tu peux (SERHANE, *Messaouda* 68)

Boudjedra fait de son combat contre l'autorité patriarcale une cause nationale pour venger sa mère et sa concubine Céline: « Il fallait que je la défende, car elle était, elle aussi, une victime au même titre que les autres femmes du pays dans lequel elle était venue vivre » (BOUDJEDRA, *La répudiation* 13)

Curieusement, le narrateur qui critique l'attitude de soumission de sa mère et s'insurge contre son silence, trouve ici le besoin de défendre Céline, sa maîtresse française qui n'a rien à voir avec la culture algérienne. Mais la défendre contre qui ? Sans doute contre lui-même, contre la contagion culturelle du mimétisme qui fait de lui, malgré sa double culture orientale et occidentale, un homme solidement ancre dans des représentations arabo-musulmanes au symbolisme déterminant. Et, dans son attitude protectrice, le narrateur semble vouloir soumettre Céline à son propre délire. La dépendre pour se l'accaparer totalement pour l'installer dans une sorte de dépendance vis-à-vis de lui-même. De ce point de vue, le narrateur reproduit, de manière inconsciente, le schéma traditionnel de la domination. C'est-à-dire le schéma dominant/domine. En lui étant redevable de l'avoir défendue, Céline n'aura d'autre choix que de mettre son destin de femme étrangère en Algérie entre les mains de celui qui sait et peut la défendre.

Entre autres difficultés de l'individu arabo-musulman, il y a les difficultés psychologiques qui proviendraient de la problématique sexuelle. Appartenant à une société qui privilégie la virilité sur toute autre qualité humaine, le corps féminin sera au centre de tous les enjeux. On le veut, avant tout, un corps ayant un ventre prolifique, « Capable de porter jusqu'à douze maternités » (Les *soleils des indépendances* 135)

De par sa culture musulmane, Kourouma fait allusion au verset coranique qui dit : « Vos femmes vous sont un champ de labour » (II, 222)

Le tableau féminin peint par Kourouma utilise un mélange extraordinaire d'adjectifs relevant à la fois du registre érotique (caresses, seins, hanches…), du fantastique (beauté ensorcelante), du registre animal (gazelle, lièvre, poisson) (KOUROUMA, *Les soleils des indépendances* 134). Des fois, on a l'impression que le discours sur la femme devient très commun, dépourvu de toute sensualité à cause de l'emploi de certains verbes rappelant des activités agraires (absorber des grains, conserver, fructifier, creuser, sonder).

D'après *Les soleils des indépendances*, Salimata possède un beau corps dont les douceurs font même fuir la tranquillité et la paix que Fama va chercher à la mosquée. La prière qui exige du Musulman une profonde concentration et un détachement du monde terrestre devient pour Fama une occasion de rêver et de se perdre dans l'éloge du corps de son épouse par l'esprit :

> Salimata, une femme sans limite de la bonté du cœur, les douceurs des nuits et des caresses, une vraie tourterelle ; fesses rondes et basses, dos, seins, hanches et bas ventre lisses et infinis sous les doigts, et toujours une senteur de goyave verte (KOUROUMA, *Les soleils des indépendances* 26)

Cette description insolite montre bien l'attachement de Fama à Salimata. Chaque fois que ses obsessions politiques lui permettent un moment de répit, il s'adonne à l'énumération des qualités physiques et spirituelles de sa partenaire, avant que le souvenir d'Allah ne vienne l'arracher au rêve : « Allah pardonne Fama de s'être trop emporté par l'évocation des douceurs de Salimata » Quand il s'agit de Mariam, sa seconde épouse, Fama se réfugie dans le silence. Certes, il est fasciné par les douceurs de cette femme « ensorcelante », ce « frétillant poisson » (KOUROUMA, *Les soleils des indépendances*, 134), mais pas jusqu'à en faire un éloge telle celle faite pour Salimata. C'est plutôt le narrateur qui prend en charge le discours de Fama, émerveillé par la jeunesse et la beauté de Mariam:

> Rien ne descendait, rien ne dépassait le bout des cils, les bouts de lèvres. Les cheveux non tressés comme le veut la coutume, en broussailles comme chez une folle, apportaient beaucoup de malignité à ses yeux brillants de lièvre. Le visage luisait, la poitrine aussi et les seins serrés dans le pagne indigo rebondissaient, ramassés et durs comme chez une petite jeune fille. Les cuisses et les fesses se répandaient infinies et ondulantes sous le pagne. (KOUROUMA, *Les soleils des indépendances* 133)

Cette manière de s'attarder sur les caractéristiques physiques du personnage féminin est quasi absente dans les récits des écrivains maghrébins. Evoquer sa femme et admirer sa beauté devant d'autres hommes dans une société patriarcale n'est pas une chose appréciée et peut faire tomber dans le ridicule l'admirateur. Ensorcelé, dira-t-on de lui. C'est se faire plus faible encore que d'exprimer son amour pour la femme en question.

Devant le père, l'enfant maghrébin évite d'évoquer la femme ou de mentionner un de ses attributs. S'agirait-il de parler de sa mère ou de sa sœur, la tradition le lui interdit. Rachid en donne la preuve dans *La répudiation* : « (Le père) ne faut pas qu'il sache, dit Rachid, que ma mère a un goitre : Parler du cou de la femme est d'un érotisme qui peut mener au pire » (BOUDJEDRA, *La répudiation* 110) Le vrai homme est de loin, celui qui sait maîtriser sa passion et taire ses sentiments pour l'autre sexe.

Dans les trois romans maghrébins, il se trouve que l'élément narré, la femme, est la mère des narrateurs respectifs. Ce qui ne donne pas l'occasion, parait-il, aux auteurs de montrer leurs qualités descriptives dans le registre érotique. Le seul cas où l'on a droit à une telle description, digne des grands poètes arabes, est à mettre à l'actif de Rachid Boudjedra quand le narrateur médite sur le corps de Zoubida, la deuxième épouse de son père : « Corps somptueux de la marâtre » (BOUDJEDRA, *La répudiation* 94) Rachid sait pourtant que, étant sa belle-mère, Zoubida lui est strictement interdite par la religion. Mais pour se venger du patriarche, Si Zoubir, tous les actes même les plus illicites lui sont permis :

> Je rêve d'un pubis vert comme le gazon de la cour d'honneur du lycée. Pubis de Zoubida ! (BOUDJEDRA, *La répudiation* 107) (…) Zoubida, marâtre merveilleuse ! Chaque sein est une pleine lune. Les yeux sont une constante invitation à la salacité foisonnante et pragmatique. Ventre large. Cheveux lourds (…) Zoubida m'angoissait par l'ombre envahissante que je voyais

> surgir à travers le tissu en soie légère, au niveau de l'aine (BOUDJEDRA, *La répudiation* 116-117)

La littérature arabe, pourtant célèbre par ses thèmes érotiques, n'a, semble-t-il, pas exercé une grande influence sur les écrivains francophones au Maghreb. Les meilleures œuvres arabes faisant l'éloge du corps féminin demeurent des textes poétiques datant de la période anté-islamique (*Les mille et une nuits*, *La Prairie parfumée*, *Tohfat al-arouss...)* et plus récemment, grand poète syrien Nizar Kabbani[18], surnommé à juste titre ''le poète de la femme''. A ce propos, Tahar Ben Jelloun dit :

> Je ne sais pas si c'est de la censure ou de l'autocensure, mais dans cette littérature que je lis aujourd'hui, le corps n'existe pas. Je ne prétends pas tout lire, mais dans ce que je lis le corps est absent. Le corps y est une parenthèse. Quand on décrit une femme on parle de ses yeux, on parle de sa chevelure, mais on ne parle pas de ses seins, ni de son c.., comme si la femme n'était pas sexuée (…) Alors que nous sommes l'une des sociétés les plus sexualisées les plus engagées dans le corps (BENJELLOUN, *Entretien*)

A cause du danger que représente pour eux la femme, les enseignements coraniques recommandent aux maris de la vigilance que l'inconscient arabo-musulman a traduit par de la méfiance envers les femelles. Ainsi, le corps de la femme représente pour l'homme un danger au même degré que son regard et son verbe. Pour avoir l'esprit

[18] Poète syrien mort en 2003.

tranquille, il n'hésite pas à imposer à sa femme, en plus du silence, un code vestimentaire très stricte, digne de son statut de femme mariée, afin de cacher tout son corps.

La tradition veut aussi que la femme soit habillée de façon à ne pas attirer l'attention des hommes et éviter tout ce qui est susceptible d'éveiller leurs désirs. C'est un voile (communément appelé Hijab) conçu et défini différemment selon la tendance islamique dominante dans chaque pays musulman. On parle ainsi de ''niqab'', de ''khimar'', de ''burka'', de ''djellaba/jilbab'' (ces deux derniers sont des termes coraniques). Il y a aussi le ''haïk'' qu'on trouve surtout chez les femmes maghrébines traditionnelles. Le ''haïk'' et le ''jilbab'' sont conçus (à quelques différences près) de manière à ce qu'ils ne laissent rien voir des atours de la femme, rien de ce qui peut provoquer les hommes et éveiller en eux le désir sexuel.

> Sous son haïk blanc, elle était vêtue en apparat, *kaftan* rose de thé, *bad'iyyaa* tissée soie et argent, ceinture massive en or, babouches brodées de fils d'or et d'argent et chacun de ses poignets était encerclé d'une douzaine de bracelets : elle se rendait à Fès. Mais elle ne s'était pas parfumée : elle était l'épouse du Seigneur (CHRAÏBI, *Le passé simple* 70)

Plus elle est discrète et enveloppée, de la tête aux pieds, dans un haïk ou dans une djellaba, plus son pouvoir de séduction est faible et le mari a l'esprit tranquille. Et comme on ne peut lui fermer les yeux, elle doit avoir le regard constamment baissé conformément au verset coranique qui montre à chacun les limites de la liberté du regard[19].

Chez les femmes africaines, on parle, plutôt, de pagne. Cet habit, tel qu'il est décrit par Kourouma connote, à la différence des deux précédents, une certaine sensualité susceptible d'éveiller le désir sexuel chez l'homme :

> Le visage luisait, la poitrine aussi et les seins serrés dans le pagne indigo rebondissaient, ramassés et durs comme chez une petite jeune fille. Les cuisses et les fesses se répandaient infinies et ondulantes sous le pagne » (KOUROUMA, *Les soleils des indépendances* 133).

Or, et contrairement à la signification du mot fornication dans les dictionnaires modernes (*péché de la chair*), la tradition musulmane souligne que la fornication a lieu avant tout par le regard.
En dehors du mariage, désirer une femme et succomber à ses charmes à travers ce qu'elle porte ou à travers ses

[19] Dis aux croyants de baisser leurs regards et de garder leur chasteté. C'est plus pur pour eux. Allah est, certes, Parfaitement Connaisseur de ce qu'ils font (…) Et dis aux croyantes de baisser leurs regards, de garder leur chasteté, et de ne montrer de leurs atours que ce qui en paraît et qu'elles rabattent leur voile sur leurs poitrines; et qu'elles ne montrent leurs atours qu'à leurs maris, ou à leurs pères, ou aux pères de leurs maris, ou à leurs fils, ou aux fils de leurs maris, ou à leurs frères, ou aux fils de leurs frères, ou aux fils de leurs sœurs, ou aux femmes musulmanes, ou aux esclaves qu'elles possèdent, ou aux domestiques mâles impuissants, ou aux garçons impubères qui ignorent tout des parties cachées des femmes. Et qu'elles ne frappent pas avec leurs pieds de façon que l'on sache ce qu'elles cachent de leurs parures. Et repentez-vous tous devant Allah, ò croyants, afin que vous récoltiez le succès (XXIV, 31-32)

propos est une turpitude, une fornication en soi (*zinaa an'nadhar*). L'Islam reconnait la présence de ''cœurs malsains'' parmi les hommes ; c'est pourquoi, il recommande aux femmes de faire preuve d'une retenue exemplaire, de beaucoup de piété aussi bien dans leurs manières de parler que dans leurs manières de s'habiller.

Ainsi en est-il. Se montrer respectueux des rites institués par Dieu est un acte qui s'inspire de la piété du cœur (XXII, 32)

ذَلِكَ وَمَنْ يُعَظِّمْ شَعَائِرَ اللَّهِ فَإِنَّهَا مِنْ تَقْوَى القلوب.

Chapitre 4

Islam, rites et croyances

Mode de penser et de vivre.

Les romans à base de ce travail témoignent du désenchantement et de la démystification des régimes politiques africains issus de la décolonisation qui ont, également, échoué à gérer les divers héritages socio-culturels et à mettre de l'ordre dans la vie religieuse de l'ex-colonie. Les personnages Haj Fatmi, Si Zoubir, Si Driss, Fama, Salimata et Ramatoullaye y exemplifient la désillusion et l'échec de l'assimilation. Car « Pour s'assimiler, il ne suffit pas de donner congé à son groupe, il faut en pénétrer un autre » (MEMMI, *Portrait du colonisé* 33-34). Face au rejet et à l'arrogance du colonisateur, le colonisé - en quête d'un certain pouvoir et d'une certaine paix intérieure - a fini par réintégrer son groupe et se cramponner à des traditions et des coutumes séculaires, héritage de la période préislamiques.

A l'exemple des mythes de ''Hammou qayyou'' et de ''Aïsha Quandicha'', au Maghreb, les croyances renvoient à différentes représentations qu'une personne ou une communauté se fait sur un phénomène quelconque. Les deux créations précitées, par exemple, symbolisent la peur et la terreur. De telles croyances renseignent, finalement, sur un certain mode de penser et de vivre propre à cette même personne ou communauté. En revanche, les sacrifices, le fétichisme, le maraboutage, l'idolâtrie, l'invocation des marabouts (dits ''chorfa'', au Maghreb), la magie, et la sorcellerie trouvent, eux, leur signification dans la religion même et sont souvent source de confusion et d'incompréhension.

En commémorant un rite, c'est un passé mythique qu'une communauté commémore, de manière cyclique, dans le but de le pérenniser. Cependant, toute pratique susceptible de mener au polythéisme est perçue comme une déviance religieuse, un crime. Contrairement à la circoncision et à l'excision qui sont davantage des pratiques de musulmans que des pratiques instituées par l'Islam (BOUHDIBA, *La sexualité en Islam* 222). Ne pas les observer, par conséquent, n'affecte en rien la foi du croyant. Elles sont plutôt conçues comme des rites de passage dans l'existence de l'individu.

La circoncision se pratique normalement chez le garçon de sept ou huit ans et consiste à enlever le prépuce de son organe sexuel. L'enfant est traîné par les mâles de sa famille, avec à sa tête le père, pour subir l'ablation pénible d'une partie de lui-même.

> Ma circoncision ne tarda pas à venir jeter la lumière sur mon cauchemar. Maître Tartour le barbier fut élu par le père pour me faire traverser les marécages du sang de mon enfance. Ses ciseaux brillaient ; je ne vis que des pigeons (SERHANE, 36)

Chraïbi souligne le caractère furtif et brutal de l'opération dans une phrase à chute brutale :

> Un […] jour, un coiffeur à barbiche blanche m'a ligoté les bras derrière le dos, m'a assis sur le rebord d'une fenêtre, m'a écarté les jambes : Circoncision (CHRAÏBI, *Le passé simple* 84)

Les milieux musulmans considèrent, à tort, la circoncision comme une condition d'appartenance à la communauté musulmane. Elle ne serait pratiquée que par crainte de perdre le futur homme qu'il sera un jour. Son intégration et sa socialisation sont les principaux motifs derrière sa circoncision. Les narrateurs des romans maghrébins, eux, n'y voient qu'une autre forme de violence, au même titre que celle pratiquée par les pères et le maître de l'école coranique. Terrorisé, l'enfant assimile l'acte à une castration pure et simple (FREUD, *Totem et tabou* 306). Souvent, on le surprend dans son sommeil pour « s'emparer » de son prépuce. Il commence, dès lors, à se méfier de son entourage et à haïr un « père castrateur » (SERHANE, *L'amour circoncis* 132). Dans *Allah n'est pas obligé*, c'est l'enfant-victime qui raconte lui-même le drame de sa circoncision :

> Une nuit, on est venu me réveiller, nous avons marché et, au lever du soleil, nous étions dans une plaine à la lisière de la forêt sur l'aire de la circoncision. On n'a pas besoin d'être sur l'aire de la circoncision pour savoir que là-bas on coupe quelque chose. Chaque bilakoro [un non circoncis] a creusé un petit trou devant lequel il s'est assis. Le circonciseur est sorti de la forêt avec autant de citrons verts que de garçons à circoncire. […]. Chaque fois qu'il tranchait un citron vert, le prépuce d'un garçon tombait. Il est passé devant moi, j'ai fermé les yeux et mon prépuce est tombé dans le trou. Ça fait très mal. Mais c'est cela la loi chez les Malinkés. (KOUROUMA, *Allah n'est pas obligé* 37)

Cette trace indélébile est, selon certaines croyances musulmanes, un gage de rattachement religieux. Abraham, premier musulman sur terre, lui-même, rapporte-t-elle, a été circoncis. La circoncision légaliserait, donc, l'Islam. Si la théorie psychanalytique y voit un trauma et, par conséquent, la désapprouve, la médecine moderne a démontré que la circoncision est bénéficiale : le prépuce étant un lieu privilégié des microbes, son ablation réduit les risques de maladies sexuellement transmissibles.

Au Maghreb, la circoncision est synonyme de purification. Mais, elle est, croit-on, plus qu'un rite ou une mesure hygiénique : « Profondément enracinée dans les mœurs islamiques elle correspond certainement à quelque chose d'essentiel » (SERHANE, *L'amour circoncis* 214) ; elle permet au couple de jouir pleinement de sa sexualité parce qu'elle dote l'organe sexuel mâle au niveau du gland de plus de résistance à l'éjaculation.

> Mettant le gland à nu de façon permanente, la circoncision le laisse souvent se recouvrir d'une peau qui lui fait perdre une bonne partie de sa sensibilité. On vante les mérites de cette demi-anesthésie, l'homme exige un plus grand nombre de mouvements coïtaux pour parvenir à l'orgasme : il fait ainsi profiter la femme d'une excitation prolongée. Il faut ne posséder qu'une piètre maîtrise de soi pour avoir besoin d'une telle anesthésie de surface (SERHANE, *L'amour circoncis* 218)

Un tel procédé sert à rappeler à l'enfant que son corps n'est pas sa propriété, c'est un bien social qui appartient au groupe. Le père, par son assistance au circonciseur, réactualise le traumatisme physique et moral qu'il a lui-même subi dans son enfance. Curieusement, l'enfant mutilé se transformera plus tard - lors de la première nuit de son mariage - en défloreur et violeur lui-même. Freud voit dans la circoncision, plutôt, une castration de l'enfant, un engagement irrévocable de sa part de se soumettre à l'arbitraire du père.

> Quand on nous dit que Moïse « sanctifia » son peuple par l'introduction de la pratique de la circoncision, nous saisissons à présent, le sens profond de cette affirmation. La circoncision est le substitut symbolique de la castration que le père primitif avait jadis infligée à ses fils, dans la plénitude de son pouvoir, et celui qui adoptait ce symbole montrait qu'il était prêt à se soumettre à la volonté du père, même quand elle lui imposait le sacrifice le plus douloureux (FREUD, *Totem et tabou* 223)

Les romans subsahariens représentent les garçons fraîchement circoncis isolés de leurs familles pour recevoir une éducation sexuelle fondée sur la discrétion, vu le caractère tabou que recouvre la sexualité dans les sociétés musulmanes.

> Pendant deux mois, témoigne l'enfant Ibrahima, on nous a appris des choses, beaucoup de choses avec obligation de ne jamais les divulguer. C'est ce qu'on appelle l'initiation » (KOUROUMA, *Allah n'est pas obligé* 37).

Une nouvelle étape est inaugurée dans la vie de l'enfant. L'enfant est introduit ipso facto dans le monde adulte.

> Le jour que nous avons quitté le bois sacré, […] nous n'étions plus des bilakoros, nous étions des initiés, des vrais hommes, c'est-à-dire aptes à se marier (KOUROUMA 37)

Transition qui se traduira chez l'enfant au Maghreb par la perte de certains privilèges dont celui d'accompagner sa mère au hammam (bain maure), lieu « fortement érotisé » (BOUHDIBA, *La sexualité en Islam* 203). Rite d'initiation ou de passage, la circoncision a une portée symbolique qui fait du prépuce le prix à payer pour être admis dans le cercle des hommes et rompre avec le cercle des femmes dans lequel il a vécu. La circoncision devient une spécificité identitaire collective et individuelle : collective parce que « Le groupe mime ce qu'il craint le plus : la féminisation du mâle », et individuelle parce qu'en la pratiquant, le père s'assure la soumission du garçon et « renforce l'autorité du Surmoi » (SERHANE, *L'amour circoncis* 134). D'autre part, l'amputation du prépuce représente « une offrande, continue le passage précité, aux forces hostiles à la virilité pour éviter la perte de 'l'objet' [pénis] en entier »

Alors que la circoncision est pratiquée par tous les Musulmans africains, l'excision n'est largement pratiquée qu'en Afrique noire :

> Avec la circoncision, (l'excision) définit, là où elle est pratiquée, un rapport d'appartenance à la communauté islamique qui est, dans son ensemble, un tout « Nous les circoncis », « Nous les excisées » (BOUHDIBA, *La sexualité en Islam* 214)

La circoncision est une affaire de mâles, et ce sont les hommes qui l'orchestrent. Quant à l'excision, ce sont les femmes qui, loin des hommes, la perpètrent contre des petites filles. La tradition transmet cette violence rituelle, les victimes se recyclant en bourreaux et les connaissances superficielles et insuffisantes sur l'Islam amènent une malheureuse confusion entre religion et coutumes.

> Quand poussèrent et durcirent les seins de Salimata, sa maman éclata de joie en lui annonçant l'approche de son excision: Ah ! Te voilà jeune fille ! Ce sera bientôt (KOUROUMA, *Les soleils des indépendances* 33)

Cependant, l'excision est un rite violent qui consiste à amputer la fillette de son clitoris, organe que les gynécologues considèrent l'équivalent du gland chez l'homme, dans la mesure où ces deux organes riches en terminaisons nerveuses produisent le plaisir sexuel. Au Maghreb, où l'excision est presque inconnue, les mères dans les familles traditionnelles se servent parfois de son caractère violent comme menace pour éloigner les jeunes filles des garçons par peur que ces derniers ne leur fassent perdre leur virginité. Le verbe utilisé pour la signifier "Hawwara" (حوّر) suggère que l'excision est venue de l'ancienne Egypte, du temps de Jésus, où vivait une tribu appelée Al-Hawariyyoune (الحواريون). A la différence de la circoncision qui est justifiée comme un agent anesthésiant du gland qui intensifie le plaisir des partenaires, l'excision est, généralement, justifiée comme diminuant l'épanouissement sexuel chez la femme, donc encourageant la chasteté. La fille doit, donc, l'accepter courageusement pour mériter la fierté de sa mère et sa place dans la tribu.

Mutilation, l'excision porte atteinte à l'intégrité du corps féminin, cause une blessure grave, risque l'infection ou l'hémorragie et handicape à jamais le corps mutilé. Freud attribue les mutilations à la peur d'une révolte de ses sujets qu'éprouve le maître. Face à une handicapée, l'homme reste maître. L'enfant narrateur de Kourouma décrit la débilité de l'excisée.

> Des matins, j'essaie d'imaginer ce que maman était avant son excision. Comment elle chantait, dansait et marchait avant son excision, quand elle était jeune et vierge. Grand-mère et Balla m'ont dit qu'elle était jolie comme une gazelle, comme un masque gouro. Moi je l'ai toujours vue ou couchée ou sur les fesses, jamais sur les jambes. (KOUROUMA, *Allah n'est pas obligé* 19)

Au même titre que la circoncision, l'excision est perçue, comme un rite sanglant qui officialise le passage au monde des adultes et ouvre la voie au mariage :

> Tu verras, disait souvent la mère de Salimata à sa très petite fille ; tu verras, tu seras un jour excisée. Ce n'est pas seulement la fête, les danses, les chants et les ripailles, c'est aussi une grande chose, un grand événement ayant une grande signification (KOUROUMA, *Les soleils des indépendances* 32)

La triple répétition de « grand » souligne l'importance accordée à la pratique, mais les noms qualifiés « chose », « événement », « signification » sont des abstractions aussi vagues que les explications données aux filles. La rupture ressentie par la jeune fille sera double, dans le temps et dans l'espace.

> Tu verras, ma fille, poursuit la mère de Salimata : pendant un mois tu vivras en recluse avec d'autres excisées et, au milieu des chants, on vous enseignera tous les tabous de la tribu. L'excision est la rupture, elle démarque, elle met fin aux années d'équivoque, d'impureté de jeune fille, et après elle vient la vie de femme. (KOUROUMA, *Les soleils des indépendances* 33)

Entre autres rites de passage, il y a celui de la mort, passage au monde de l'au-delà. Le Coran dit :

> C'est Lui qui vous a créés d'argile, puis a fixé un terme à chaque vie, et décrété ensuite un autre terme dont Lui seul a connaissance (VI, 2)

La mort, c'est le point de non-retour en attendant le Jugement dernier. Assister aux funérailles d'une personne est, par conséquent, un devoir pour tout Musulman et une occasion pour lui de méditer sur son propre sort, sur la vanité de la vie et se tourner vers Allah avant qu'il ne soit tard. C'est ce qui fait dire à l'auteur dans *Une si longue lettre* : « On peut manquer un baptême, jamais un deuil » (BÂ, *Une si longue lettre* 18). Ramatoullaye relate les festivités traditionnelles auxquelles son mari a droit. Les étapes du deuil sont minutieusement décrites, de la toilette mortuaire à « l'eau miraculeuse » (10) de « Zem-Zem » au quarantième jour. Toutefois, l'auteur s'insurge contre le mensonge de certains présents qui font de la demeure des endeuillés un lieu de médisance voire de divertissement.

> Et pourtant, l'on nous dit dans le Coran que le troisième jour, le mort enfle et emplit sa tombe et pourtant, l'on nous dit que le huitième jour, il éclate ; et l'on nous dit aussi que le quarantième jour, il est démantelé ! Que signifient donc ces festins joyeux, établis en institution, qui accompagnent les prières pour la clémence de Dieu ? Qui est là par intérêt ? Qui est là pour étancher sa soif ? Qui est là pour plaindre ? Qui est là pour se souvenir ? (BÂ, *Une si longue lettre* 17)

De manière qui relève du fantastique, le narrateur dans *Les soleils des indépendances* décrit ces mêmes étapes tout en mettant l'accent sur certaines croyances relatives au devenir de l'âme qui frôlent l'hérésie.

> Des jours suivirent le jour des obsèques jusqu'au septième jour et les funérailles du septième jour se déroulèrent devant l'ombre, puis se succédèrent des semaines et arriva le quarantième jour, et les funérailles du quarantième jour ont été fêtées au pied de l'ombre accroupie, toujours invisible pour le Malinké commun. (KOUROUMA, *Les soleils des indépendances* 8)

Le personnage musulman nous est présenté constamment en proie à des traditions ancestrales qu'il veut perpétuer et à son engagement religieux qu'il veut honorer :

> Le Coran dit qu'un décédé est un appelé par Allah, un fini; et les coutumes malinké disent qu'un chef de famille couche dans la case patriarcale (KOUROUMA, *Les soleils des indépendances* 108)

Les traditions africaines veulent bien croire que c'est Allah Seul qui accorde la vie à quelqu'un et que c'est Lui, Allah, qui la récupère quand Il veut. Cependant, ils sont sûrs, même certains que l'âme du mort continue à vivre parmi les siens pendant quarante jours : « Vous paraissez sceptique, dit le narrateur dans *Les soleils des indépendances ; e*h bien, moi, je vous le jure (7)

Une telle croyance trouverait son explication dans le fait que l'âme, étant le produit d'un souffle d'Allah (contrairement au corps) serait imputrescible.

Le deuil qui devrait proclamer l'égalité des croyants devant le Jugement Dernier, en réalité, reflète le rang social du défunt. Modou, issu de la bonne société sénégalaise, reçoit un enterrement digne d'un chef d'Etat. Aussitôt, le deuil devient une occasion pour les présents d'exhiber leurs richesses : « Une longue file hétéroclite de voitures officielles ou particulières, de cars rapides, de camionnettes et vélo-solex, conduisent Modou à sa dernière demeure (On parlera longtemps du monde qui suivit le cortège funèbre) » (BÂ, *Une si longue lettre* 11)

Pauvresse qui subsistait au bas de l'échelle, le personnage Messaouda n'a pas eu droit à une telle célébration le jour de sa disparition: « [Son] cadavre fut placé sur le dos d'un âne » (SERHANE, *Messaouda* 108). L'inégalité entre croyances et croyants se manifeste aussi dans les rites funéraires musulmans : aux femmes, sous prétexte qu'elles sont impures et infidèles, « Il ne leur était pas permis de suivre un mort au cimetière, surtout le jour de son enterrement » (SERHANE, *Messaouda* 108) Alors, elles transforment la case funéraire en un lieu de retrouvailles, d'exhibition et de médisance jusqu'à ce qu'une « voix virile » (BOUDJEDRA, *La répudiation* 14) vienne les rappeler à l'ordre. Kourouma décrit les forces irrationnelles qui régissent le quotidien des Malinkés bien qu'elles ne soient aucunement cautionnées par le Coran :

> L'ombre marchait vite et n'a pas salué [...]. Au village natal l'ombre a déplacé et arrangé ses biens [...]. L'ombre était retournée dans la capitale près des restes pour suivre les obsèques : aller et retour, plus de deux mille kilomètres. Dans le temps de ciller l'œil ! (KOUROUMA, *Les soleils des indépendances* 8)

Selon le Coran, seul un génie (Esprit invisible), au service du prophète Sulayman, avait réussi un tel exploit : traverser, « en un clin d'œil », les déserts d'Arabie pour apporter au Patriarche le trône de Balkis, la reine de Saba, nouvellement convertie, malgré elle, à l'Islam. La tradition distingue entre de bons génies, fidèles à Allah et d'autres maudits, adeptes d'Iblis (Satan).

L'« intrusion brutale du mystère dans le cadre de la vie réelle » (CASTEX, *fantastique* 11) - phénomène qui, à la fois, intrigue et fascine le croyant - est accréditée par plusieurs textes coraniques malgré l'interdit qui frappe des pratiques comme la sorcellerie. Cette petite ouverture devient souvent un abîme par lequel s'engouffrent la superstition et la magie, pratiques pourtant, fermement condamnées par le Coran.) : « Ton père, Aïssatou, dit Ramatoullaye, connaissait l'ensemble des rites qui protègent le travail de l'or, métal des « Djinn » (BÂ, *Une si longue lettre* 31).

Des romans choisis, il parait que la sorcellerie est en honneur et tente aussi bien les hommes que les femmes en Islam où elle est une institution parallèle à l'institution religieuse officielle. Or, le sorcier qui promet monts et merveilles à ses clients, menace et terrorise au même titre que Dieu, n'est, selon le Coran, qu'un adepte de Satan qui tente de percer le mystère du Royaume de Dieu. Il promet, au même titre qu'Allah de « faire germer un bébé dans le ventre le plus aride» (KOUROUMA, *Les soleils des indépendances* 66), obtenir les faveurs d'une femme (même mariée), s'attacher un mari indifférent, accélérer les démarches de divorce, fructifier un commerce : « Va, avait dit le Seigneur, va à Fès (chemin de Damas), tu y accompagneras ta mère ; son père est marabout ...» (CHRAÏBI, *Le passé simple* 78), guérir toute sorte de maladie (même une stérilité), apporter la chance, ruiner un (e) ennemi (e)...

> Thami allait garder le lit. Il dépérissait à vue d'œil. Ses parents avaient fait venir un taleb qui lui écrivit une amulette. Pour l'honorable charlatan, il n'y avait pas de doute : L'enfant était frappé par les génies (SERHANE, *Messaouda* 151)

Face au silence du destin, le Musulman se tourne vers le marabout ou le sorcier. Lorsque ses prières n'aboutissent pas, il enfreint la cadre religieux et va consulter ses marabouts et ses ''Chorfa'' favoris. Déjà en 1920, un rapport de la mission scientifique/sous les auspices de la résidence générale affirme : « Les Beni Ahsen (tribu au Nord de Rabat) manifestent une indifférence presque complète en matière religieuse »[20], alors qu'on retrouvait chez eux des « souvenirs de l'hérésie prêchée au commencement du seizième siècle. » Dans *Les soleils des indépendances*, le narrateur dénonce le comportement ambivalent des Malinkés et s'interroge sur leur véritable identité religieuse : « Sont-ce des féticheurs ? Sont-ce des Musulmans ? Le Musulman écoute le Coran, le féticheur suit le Koma ; mais à Togobala, aux yeux de tout le monde, tout le monde se dit et respire musulman, seul chacun craint le fétiche » (KOUROUMA, *Les soleils des indépendances* 108). Comme tout Malinké, Fama croit en Allah et en Son prophète, mais devant les épreuves difficiles qu'il traverse, il n'hésite pas à aller demander secours au féticheur Balla, un incroyant : « Au refus d'Allah, à son insuccès devant un sort indomptable, le Malinké court au fétiche, court à Balla. Le fétiche frappe, même parfois tue. Et le malveillant client de Balla paie et sacrifie aux fétiches » (KOUROUMA, *Les soleils des indépendances* 116).

> Les indigènes, dit le rapport ci-dessus, sont très superstitieux. Ils croient aux revenants, aux mauvais et aux bons génies. D'après eux, il ne faut jamais s'approcher la nuit des dépotoirs, des marais, des abattoirs, des gués, parce qu'on court le risque d'y être frappé par un génie invisible (…) Ils croient à des génies qui se matérialisent en prenant divers aspects : animaux, arbres, etc… [21]

---

[20] Villes et tribus du Maroc, Rabat et sa région, Tome III. Les tribus. Paris, Editions Ernest Leroux, 1920, p. 288.

[21] Op.cit. p.92

La stérilité, croit-on, est causée par un génie qui occupe l'utérus et empêche la fécondation. Si la femme tombe enceinte, le génie empêche le bébé de germer et provoque un écoulement de sang, signe de fausse-couche. « Qu'importe qu'après que tout fût tombé, se fût envolé, le docteur ait appelé cet état 'une grossesse nerveuse ' et les Malinkés une grossesse de génie ! » (KOUROUMA, *Les soleils des indépendances* 52). Pour que la femme conçoive, certains conseillent d'invoquer Allah avant l'acte sexuel. Le narrateur dans *Les soleils des indépendances* s'en remet à Dieu : « L'infécond, sauf les grâces et pitié et miséricorde divines ne se fructifie jamais » (KOUROUMA, *Les soleils des indépendances* 27). Mais il ne peut s'empêcher d'interroger Dieu sur Sa bonté et Sa justice :

> Allah, le comptable du bien et du mal, comment justifies-tu d'avoir gratifié d'aussi méchantes créatures de progénitures alors que Salimata une musulmane achevée… (KOUROUMA, *Les soleils des indépendances* 59)

Les charlatans et les tolbas (fquih) exploitent la crédulité des pauvres, surtout parmi les femmes, pour abuser d'eux. Le fquih prescrit une amulette que son patient doit porter au cou ou bien dissimuler sous ses vêtements. Contenant un verset coranique ou des formules magiques diverses, l'amulette dispose du pouvoir de préserver du mauvais sort.

> Ne t'en fais pas Lalla, dit la vieille à la mère du narrateur dans *Messaouda*, j'ai tout ce qu'il faut pour dissiper tes inquiétudes (SERHANE, *Messaouda* 153)

Pour apaiser la colère de son mari et le dominer, elle n'a que l'embarras du choix :

> Lui faire manger des excréments de juif étendus d'eau et mélangés à un aliment quelconque. (Et) si elle est très courageuse, elle déterre un mort fraîchement inhumé et, avec les mains du cadavre, elle prépare un couscous qu'elle fait manger à son époux. Dès que celui-ci en goûte, il se soumet à tous les caprices de sa femme ; elle peut aussi « mettre dans ses aliments une poudre noire obtenue en grillant des cheveux pris sur les tempes et des rognures d'ongles », « La cervelle d'hyène produirait les mêmes résultats »[22]
> (...)
> Reviens me voir vendredi prochain, dit la voyante au personnage de la mère dans *Messaouda.* N'oublie pas d'apporter avec toi une mèche de ses cheveux et les rognures de ses ongles... (SERHANE, *Messaouda* 153)

Les femmes sont bien conscientes de la dictature des hommes, mais préfèrent dissimuler leur haine et compter sur des formules magiques recommandées par le marabout ou la sorcière : « Dieu devait faire revenir Si Zoubir sur sa décision » , dit le narrateur dans *La répudiation*, « sinon les sorciers entreraient en transe et les charlatans envahiraient la maison » (BOUDJEDRA, *La répudiation* 37) Cependant, les hommes, à l'image de Si Zoubir, sont souvent méfiants et peuvent deviner ce à quoi jouent leurs épouses « [Si Zoubir] clamait haut que tout le mal venait

---

[22] Op. cit p. 92.

de la mère embusquée derrière sa répudiation. Elle était jalouse, putride et sorcière ! » (BOUDJEDRA, *La répudiation* 86) Pourvu qu'elle ne soit pas chassée de son foyer, l'épouse finit par accepter silencieusement de collaborer et subir les abus et les affronts de son mari :

> Elle querellait Dieu mais laissait Si Zoubir monter les zèbres débridés. Elle était au courant des maîtresses, mais trouvait normal qu'un homme pût tromper sa femme. La réciproque ne l'effleurait même pas (BOUDJEDRA, *La répudiation* 40)

Rappelons, à cet égard, qu'avant l'arrivée de l'Islam, la polyandrie était une pratique tolérée dans la péninsule arabique. (BOUHDIBA, *La sexualité en Islam* 230)

Le narrateur met face à face deux puissances, deux divinités : celle du père qui s'appuie sur Allah et sa religion et celle de la mère qui voudrait « dominer les choses que par l'intermédiaire d'une autre transcendance : l'amulette » *(*BOUDJEDRA*, La répudiation* 37). Les forces en jeu étant disproportionnelles, c'est plutôt la mère qui finit par céder : « Si Zoubir a le bon Dieu de son côté, aussi a-t-il laissé tomber très calmement la phrase qui condense son désir de prendre une deuxième femme. Ma, elle, n'a rien. Divinité médiocre qui se contente de justice marginale ! Ainsi les jeux sont faits » (BOUDJEDRA, *La répudiation* 35) La mère dans *Messaouda* affiche la même résignation que la mère de Rachid. Désarmée devant un mari injuste et violent, elle se contente de ce qu'offre la tradition :

> Ton cochon de père me délaissait ; il allait ailleurs. Il savait que j'étais incapable d'agir. A part quelques amulettes et

> quelques philtres pour me défendre, je ne savais pas très bien ce que j'aurais pu faire pour l'écraser (SERHANE, *Messaouda* 52)

Jouissant du soutien des mâles comme lui et de l'assistance d'Allah, le père est toujours gagnant. Rien ne peut lui être refusé.

La fidélité de l'épouse musulmane à son époux est un commandement de Dieu, « (elle) ne se discute même pas » dit Haj Ferdi dans *Le passé simple.* Ce que confirme la narratrice dans *Une si longue lettre* : « La qualité d'une femme est la docilité » (BÂ, *Une si longue lettre* 47) C'est plutôt la révolte que choisit Aïssatou pour dire son refus au poids des traditions sénégalaises et des clivages sociaux: « Je ne m'y soumettrai point ! » (BÂ, *Une si longue lettre* 50) La négation est définitive. Certes, Ramatoulaye aussi désapprouve l'acte de son mari, mais avoir recours à la sorcellerie et le maraboutage irait à l'encontre de ses principes et ses convictions religieuses.

> [Des amies] indiquaient, avec véhémence, des marabouts à la science sure qui avaient fait leurs preuves, ramenant l'époux à son foyer, éloignant la femme perverse […]. Suivre ces exhortations aurait été me remettre en question […]. Devais-je me renier parce que Modou avait choisi une autre voie ? Non, je ne cédais pas aux sollicitations. Ma raison et ma foi rejetaient les pouvoirs surnaturels. Elles rejetaient cette attraction facile qui annihile toute volonté de lutte. Je regardais en face la réalité. (BÂ, *Une si longue lettre* 73)

Se remariant malgré la volonté de sa première épouse, le mari commence à se sentir menacé de tous les côtés et commence à méfier de tout qui l'entourent, mâles et femelles, même parmi ses proches : de ses fils, de peur qu'ils ne le trompent ; de sa femme et ses filles de peur qu'elles ne lui jettent un mauvais sort:

> Le père devenait idiot et multipliait les erreurs énormes. Ses obsessions l'irritaient au point qu'il craignait sérieusement pour sa vie. (BOUDJEDRA, *La répudiation* 86)

La défaite des premières épouses est donc évidente dans le conflit qui les oppose à leurs maris et à la seconde épouse. Les traditions envahissantes ne peuvent détourner un mari déterminé à exercer sa dictature sur la mère et sur les enfants sans défense. Ce qui corrobore le verset qui proclame : « Les magiciens ne réussissent pas » (X : 78): « Que pouvait-elle faire ? Ni talismans, déplore Abdelhak, ni amulettes, ni paroles magiques ne furent capables de me tirer d'affaire » (SERHANE, *Messaouda* 34) « Allah a figé des sorts définitivement » (KOUROUMA, *Les soleils des indépendances* 177).

> [Fama] s'apercevait maintenant des mensonges de tous les marabouts, de tous les sorciers et devins qui constamment lui avaient prédit que son sort était d'arriver un matin à Togobala, en grand chef, avant de mourir dans le Horodougou, avant d'être enterré dans le cimetière où reposaient ses aïeux. Tout cela s'avérait faux ; à moins que…Les possibilités du Tout-Puissant étaient sans bornes. (KOUROUMA, *Les soleils des indépendances* 178)

Entre Allah qui exige une soumission totale à Ses ordres et marabouts et sorciers qui promettent toute sorte de solution, le Musulman africain choisit de négocier avec les deux : « En dépit de sa profonde foi au Coran, en Allah et en Mahomet, Fama toute la nuit dans une petite case se recroquevilla entre de vieux canaris et un cabot galeux » (KOUROUMA, *Les soleils des indépendances* 109). Le sacré et le profane se croisent dans son cœur pour faire de lui un être problématique.

> Elle priait les sourates pieux et longs du marabout qui solliciterait que toutes ses selles soient d'or. Finissait-elle ? Avec fièvre elle déballait gris-gris, canaris, feuilles, ingurgitait des décoctions sûrement amères [...], brûlait des feuilles, la case s'enfumait d'odeurs dégoûtantes. (KOUROUMA, *Les soleils des indépendances* 28)

Souvent, à cause de la pauvreté et l'ignorance, l'individu arabo-musulman, en proie à des problèmes de tout genre (économiques, sociaux, politiques,...) procède à des amalgames malheureux entre religion, science, maraboutage et sorcellerie. Le monde rationnel et le monde irrationnel se côtoient de façon extraordinaire.

Les Musulmans africains ont aussi recours aux sacrifices pour fléchir le destin et résoudre leurs problèmes. Selon Henry Bergson, le sacrifice est le prix à payer pour entrer en rapport avec Dieu et emprunter de Sa puissance : « Quant au sacrifice, c'est sans doute, d'abord, une offrande destinée à acheter la faveur du dieu ou de détourner sa colère » (*Petit Robert*). Dans les sociétés musulmanes, le sacrifice est un acte de piété permis aussi longtemps qu'il est motivé par la foi en Allah. Le sang versé produit une communion entre le ciel et la terre, mais c'est la piété qui l'effectue. Un verset exhorte les croyants : « Ni leurs chairs ni leurs sangs n'atteindront Allah, mais ce qui L'atteint de votre part c'est la piété » (XXII : 38) Plus le sang est abondant, plus le sacrifice est accepté et le vœu exaucé. Dans les trois romans maghrébins étudiés, le rite de l'Aïd-el-kebir, qui commémore l'immolation du mouton par lequel Ismaël fut « rançonné » Ismaël. (LXI : 108), est présenté comme un carnage, une « offrande au ciel » (SERHANE, *Messaouda* 103), un « rituel somptueux du sang » (BOUDJEDRA, *La répudiation* 193), ou un « holocauste» (CHRAÏBI, *Le passé simple* 270)

Saugrenus et problématiques, les personnages dans *Les Soleils des indépendances*, font alterner le licite et l'illicite pour forcer le destin. Ainsi, attribuent-ils au sacrifice des pouvoirs surnaturels et des bienfaits que ni la science ni la religion ne peuvent offrir: « Le sacrifice, dit le narrateur, protège contre le mauvais sort, appelle la santé, la fécondité, le bonheur et la paix. Et le premier sacrifice, c'est offrir. Offrir ouvre les cœurs » (KOUROUMA, *Les soleils des indépendances* 61). Le narrateur affirme que le sacrifice permet au croyant de se doter des mêmes pouvoirs que Dieu : il peut non seulement donner la vie et la prendre, mais également contrôler les morts et les ressusciter.

> Le sang, vous ne le savez pas parce que vous n'êtes pas Malinké, le sang est prodigieux, criard et enivrant. De loin, de très loin, les oiseaux le voient flamboyer, les morts l'entendent et il enivre les fauves. Le sang qui coule est une vie, un double qui s'échappe [...] réveille les

> morts. (KOUROUMA, *Les soleils des indépendances* 147)

Sacrifices, sorcellerie, divination, excision, circoncision, autant de pratiques que de nombreux Musulmans défendent comme intégrales à leur foi et auxquelles ils s'accrochent comme marques identitaires. Cependant, aucune n'est prescrite et beaucoup sont condamnées par le Coran et la Sunna. La plupart remonte à des rites ancestraux qui existaient bien avant l'arrivée du Prophète Mohamed et qui ont été absorbés par l'Islam à tel point que la plupart des Musulmans les croient essentiels à leur identité religieuse.

Là-bas [en Occident], j'ai pu voir des Musulmans, quoique ce ne soit pas une terre d'Islam, [alors que] ici [en Egypte, pays pourtant musulman], il y a [certes] de l'Islam, mais pas (autant) de Musulmans. MOHAMED ABDOU (1849-1905)

Conclusion

Islam, quelle lecture ?

Les lectures faites pour ce travail suggèrent que les facteurs derrière le marasme qui règne en Afrique musulmane ne sont pas uniquement d'ordre politique, dues au seul colonialisme. Le socio-culturel et surtout l'Islam tel que certains se l'imaginent sont les principaux facteurs derrière les troubles identitaires chez le citoyen dans le monde arabo-musulman.

Tiraillés entre des valeurs islamiques mal comprises, ou vidées de leur sens noble et sacré, et des valeurs occidentales mal assimilées, les Musulmans adoptent, souvent à des fins personnelles, des comportements contradictoires. Ils se réfugient, souvent, dans des pratiques séculaires qui prédatent l'Islam, et dans le Coran pour justifier une attitude et aussi son contraire. Le même acte religieux et le même verset coranique peuvent ainsi servir à louer le changement ou à le condamner, selon les circonstances.

Souvent, sans en détenir la moindre connaissance, plusieurs auteurs sur l'Islam, et en particulier, ceux et celles d'origine musulmane - qui sont censés connaître l'Islam mieux que leurs homologues en Occident-fustigent le Coran et procèdent à des amalgames malheureux dans le ou les sujet (s) qu'ils traitent. La religion (et le colonialisme au second degré) forme dans leurs littérature le plus grand axe de la question identitaire et son corollaire, à savoir, la place qu'occupe la femme dans une société où règne la suprématie de l'homme. La façon dont est exposée la problématique sexuelle dans leurs écrits, par exemple, ne laisse pas de doute dans l'esprit du lecteur occidental : l'Islam est à l'origine de toutes les difficultés psychologiques des individus. Or, l'Islam - qui, par ailleurs, ne date pas de la naissance de

Mohammad – n'est pas venu, comme ils le prétendent, pour discriminer la femme et la réduire au silence ; au contraire, il est venu l'honorer et relever son statut dans la hiérarchie sociale :

> Toutes les législations antiques, dit Gustave Le Bon, ont montré la même dureté pour les femmes ; la situation légale de la femme mariée, telle qu'elle est réglée par le Coran et ses commentateurs, est bien plus avantageuse que celle de la femme européenne.[23]

Les œuvres étudiées unanimement considèrent la femme comme le dernier maillon d'une chaîne de soumission qui ne peut pas être remise en question et dans laquelle l'homme en général, occupe une place de choix. Entravée dans son épanouissement physique, elle n'a le droit ni de parler ni d'exprimer sa pensée devant les hommes. Cependant, la femme en Afrique subsaharienne, parait-il, jouit d'une certaine émancipation que la femme au Maghreb tarde à célébrer.

Tabou dans les sociétés du Maghreb, la sexualité est exhibée de façon parfois crûe et brutale dans les romans et permet aux écrivains de violer d'autres tabous comme le respect envers la figure emblématique du père. Cette attitude de rébellion et de haine contre l'ordre préétabli n'existe pas dans les romans subsahariens où une certaine pudeur imprègne les textes. Cette distinction est, à notre avis, de taille car elle sous-entend que du Nord au Sud du continent, l'Islam, en tant que mode de vie, n'est pas perçu de la même manière.

[23] Op.cit. p.33.

Se voulant être une littérature de contestation, la littérature des années 60-70 au Maroc, en particulier, est venue rompre avec la tradition romanesque initiée par Ahmed Séfrioui dans *La Boîte à merveilles*, premier roman marocain. « Le temps d'une culture occidentale bourgeoise, individualiste et stérilisante » était révolu (KHATIBI *Le roman maghrébin* 46) ; ce que le groupe *Souffles* et ses principaux acteurs du débat (CHRAÏBI, KHATIBI, LÂABI...) avaient reproché à Séfrioui, c'est une malheureuse religiosité dans le récit et « une soumission absolue à l'ordre coranique » (GONTARD, *Violence du texte* 14) ; ce qui ne fait, selon *Souffles*, que cautionner la thèse coloniale. Les reproches ont été tellement violents qu'ils ont fini par réduire la plume de Séfrioui[24]. La littérature telle qu'elle est conçue par la nouvelle génération des écrivains maghrébins veut, plutôt, que le nouveau roman soit une œuvre contestataire, engagée et même irréligieuse. Or, pour le fondateur de la littérature marocaine d'expression française, une œuvre, pour qu'elle soit universelle, on ne doit pas en faire une prisonnière des contingences[25]. Dans son souci de se démarquer de l'œuvre de Séfrioui, la nouvelle littérature maghrébine va tout contester, au risque de mal informer[26], et transgresser tous les interdits moraux : aller s'immiscer, par exemple, la nuit, dans le lit parental et rapporter, dans leurs plus fins détails, des ébats amoureux (SERHANE, *Messaouda* 164) ou commettre l'inceste (BOUDJEDRA, *La répudiation* 116). Des scènes pareilles, certes dérangent, mais ne pourraient, selon Séfrioui, pérenniser l'œuvre littéraire.

[24] La déception de Séfrioui fut grande : «Vous m'avez tué », répondit-il avec amertume au groupe *Souffles*.

[25] La revue *souffles* n'aura duré que six ans.

[26] Nous avons relevé, par exemple, au moins trois différentes traductions du même verset coranique.

L'on pourrait se demander, à juste titre, si cette nouvelle littérature ne continue pas, elle-même, à servir la thèse coloniale. Ne serait-elle pas en train de concrétiser les intentions formulées plus haut, dans ce travail, par le Lyautey : « A l'aide des écoles, dit-il, nous allons préparer l'élite qui sera au service du protectorat »[27] ou celles de Faidherbe, nouveau gouverneur du Sénégal, qui, en 1860, exhortait les Sénégalais à répudier la culture arabo-musulmane et embrasser les valeurs occidentales ?

> Habitants du Sénégal, (...) vous n'êtes nullement obligés d'imiter les Arabes dans leurs coutumes, dans leurs mœurs, dans leur ignorance. Ce n'est pas chez les Maures que vous devez aller chercher vos exemples et vos directeurs intellectuels, mais chez nous, qui aimons la paix et l'ordre. (FAIDHERBE)

Les auteurs dont les œuvres sont ici étudiées, font une lecture très personnelle de la religion et cherchent, à travers les comportements contradictoires de leurs personnages, à stigmatiser l'Islam qui ne sied pas à leur profil culturel européen-laïc. Dans une interview accordée au journal TelQuel, Chraïbi déplore que tous ceux qui prêchent la foi aujourd'hui ne soient pas qualifiés à le faire parce qu'ils prêchent la Lettre plutôt que l'Esprit du Coran :

> Actuellement, dit-il, la Lettre a pris le dessus sur l'Esprit et il existe une dichotomie parfaite entre les deux. L'Islam est pour moi un but à atteindre. Un musulman peut-il être athée ? C'est un

[27] Op.cit. p.21.

> contresens. Parce que chez nous, un musulman, c'est un croyant. Mais en même temps, c'est une affaire personnelle qui se déroule. Pourquoi l'imposer aux autres[28] ?

Comme Chraïbi, Kourouma dénonce le formalisme qui fait que l'individu en Islam, souvent, suit littéralement le Texte tout en en voilant le véritable sens. Au-delà des ratages politiques en Afrique, c'est l'incompréhension et l'instrumentalisation de la religion qui jouissent de plus d'attention dans son œuvre ; au lieu d'enfermer son œuvre dans les contingences, Kourouma va adopter le style des grands philosophes du Siècle des Lumières et relever le niveau du débat en allant s'interroger sur l'homme, son sort et son devenir, sur la notion du bien et le mal, la vie et la mort…

> Faut-il croire qu'(Allah) ne s'apitoie jamais sur un malheur parce qu'il n'y a pas de malheur qui ne soit pas Son œuvre ? (KOUROUMA, *Les soleils des indépendances* 64)

Mariama Bâ adhère au débat initié par Kourouma pour interroger ces « irréversibles courants de libération de la femme qui fouettent le monde » (BÂ, *Une si longue lettre* 129). Elle œuvre pour que les mentalités africaines et musulmanes changent et que femmes et hommes se définissent non pas suivant des dogmes religieux ou sociaux, mais en fonction de leurs mérites. Ce travail de médiation entre l'Islam et la modernité représente une alternative susceptible de libérer les consciences et les détourner du repli sur soi et de l'obscurantisme. L'Islam qui a pu absorber, comme le montre les romans, des

[28] TelQuel *online*, journal marocain, 2005, N. 156-157.

coutumes étrangères (circoncision…) peut s'adapter au partenariat des sexes et à un renouveau dans la pensée islamique.

L'Islam, dit un hadith, est un système de vie, universel parfait et immuable qui n'admet pas le moindre changement ou révision. Toute innovation en matière de religion est considérée comme Erreur et égarement. Par conséquent, tout individu est appelé à se soumettre au pouvoir et au jugement d'Allah incarné par le calife, l'imam, le fquih, et le père qui, tous, traditionnellement, puisent leur conduite et leur pouvoir du Coran. Cette chaîne de pouvoirs s'allonge en fonction du sexe et de l'âge. Les mâles ont primauté sur les plus faibles (les enfants et les femmes) et doivent être écoutés. Encore que, même l'enfant, quelques fois, par le pouvoir que lui confèrent ses études, est écouté dans la famille. A défaut d'enfant mâle, et en l'absence du père, la gestion des affaires de la famille incombe à l'aînée des filles. Il n'y aurait donc pas de discrimination envers la femme, mais plutôt des priorités, des choix à faire selon les aptitudes physiques et morales de chacun.

Il y a eu toujours des savants, des oulémas et des fouqahaa'e (érudits en dans le domaine des études islamiques) pour interpréter le texte coranique : Interroger les Textes n'a jamais été un tabou en Islam, pourvu de ne pas toucher aux constantes et aux valeurs sacrées. Entre autres forces du Coran, il y a le fait qu'il n'est pas venu pour éliminer les enseignements de de la Torah ou de la Bible; au contraire, il en a même adopté certaines lois et les a mises à jour pour se conformer à la modernité de son époque. C'est ainsi qu'il a pu octroyer à la femme le droit d'hériter et de témoigner, restreindre la pratique de la polygamie et interdire des pratiques barbares des Arabes de l'époque de la ''*Jahiliyyah*'' (Âge de l'Ignorance) qui enterraient les fillettes vivantes dès leur naissance.

A l'époque du Prophète, l'Islam qui éliminait les idoles et leurs rites barbares et reconnaissait un minimum de droits aux femmes et autres opprimés comme les orphelins et les pauvres, représentait la modernité. Pour mieux diffuser le nouveau message, la nouvelle religion dut composer avec d'étranges attitudes et pratiques ancestrales et y réussit sans compromettre l'essentiel de son enseignement moderne. Les accrétions para-islamiques, responsables du retard du monde arabo-musulman aujourd'hui, sont périssables et nous pensons qu'elles devraient disparaître à mesure que la religion est mieux connue et comprise de ses fidèles. La souplesse et l'ouverture qui permirent à l'Islam de s'adapter aux us et aux coutumes en usage au Moyen Orient, en Afrique ou en Asie, devraient lui permettre de s'adapter de même au rationalisme et au pragmatisme du modernisme occidental. Interrogé sur une possible cohabitation entre l'Islam et l'occident, l'islamologue Tareck Ramadan répond :

> La première des choses qu'il faut dire, c'est qu'il y a déjà de l'Islam dans la tradition occidentale et il y a déjà de l'Occident dans la tradition musulmane : il me paraît faux de proposer une approche binaire. (Tareq RAMADAN, *Parler de l'Islam*)

Dire que l'Islam et la modernité sont antinomiques ne profite qu'à ceux, comme les pères de nos romans, à qui la tradition (pas nécessairement la religion) confère un statut privilégié, et à ceux qui nourrissent leurs écrits de la polémique. A l'hypocrisie de certains fidèles, s'ajoutent la connaissance superficielle des préceptes religieux par certains écrivains et la frilosité de certains savants musulmans qui s'opposent à tout renouveau dans la pensée islamique. L'absence de clergé en Islam laisse la porte ouverte à un effort de compréhension et d'inclusion. L'Egyptien Mohamed Abdou, l'un des grands réformateurs du début du XXe siècle, mort en 1905, écrit :

> Il n'y a en aucune façon en Islam ce que certains appellent l'autorité religieuse [...]. Je dis que l'Islam n'a donné ni au Calife, ni au Cadi, ni au Muphti, ni au Cheikh Al-Islam la moindre autorité en matière de doctrine et de formulation des règles. Quelle que soit l'autorité détenue par l'un d'eux, c'est une autorité civile définie par la Loi islamique ; et il est inadmissible que l'un d'eux puisse revendiquer un droit de contrôle sur la foi ou le culte de l'individu ou puisse le requérir de défendre sa façon de penser.

La crise du monde arabo-musulman serait ancrée, à notre avis, non pas dans la résistance au changement, comme le prétendent certains, mais, plutôt, dans sa disposition à changer, et surtout, dans la vitesse avec laquelle on veut changer. On aime copier l'Autre et le singer au point de nous faire oublier nous-mêmes. On est trop ouvert au changement, toujours prêts à nous projeter, souvent sans y réfléchir, dans l'Autre. On manque de respect envers nos valeurs, nos traditions, notre histoire, notre religion, notre pays, nos ancêtres, nos parents, nos enfants, nos femmes, nos mères, nos talents, et envers les autres...au moment où même les peuples au passé noir et douteux, refusent qu'on remette en question leur histoire coloniale et rejettent toute responsabilité dans les crimes et les génocides commis durant cette période. Rares sont les

écrivains et les intellectuels occidentaux qui acceptent de témoigner contre les coutumes, la religion, ou les politiques dans leurs pays d'origine. En revanche, tant que cela continue à intéresser l'audience en Occident, la majorité des romanciers Arabo-Musulmans n'éprouvent aucune gêne à céder à la polémique et à professer le râlage aux dépens de l'art et de l'imagination, comme si roman et fiction n'allaient pas ensemble.
Il n'y a aucun mal à se comparer aux autres ; il est même recommandé au Musulman d'entretenir de bons rapports avec un non-Musulman. C'est de nature à lui permettre de mieux adorer son Seigneur.
Le mal du monde arabo-musulman, à notre avis, n'est pas dans son islamité, mais plutôt dans son arabité. En effet, être musulman est un choix dicté par des circonstances particulières. Etre arabe est, par contre, une appartenance, une histoire, un héritage qui ne peut être ignoré. Un Arabe peut devenir laïc, ce qui est interdit pour un Musulman. Interrogé au sujet de cette antinomie, Hassan II dit :

> A partir du moment où on est musulman, on ne peut pas être laïc (...) car le droit musulman nous colle à la peau - qu'on le veuille ou non- tant sur le plan du droit public que sur le plan du droit privé.

De retour d'un voyage en Europe Mohamed Abdou déclara :

> Là-bas [en Occident], j'ai pu voir des Musulmans, quoique ce ne soit pas une terre d'Islam, (alors que) ici [en Egypte, pays pourtant musulman], il y a (certes) de l'Islam, mais pas (autant) de Musulmans.

N'est-il, d'ailleurs, pas curieux de voir que nombre de Musulmans-non-Arabes servent l'Islam mieux la religion que nombre d'Arabo-Musulmans eux-mêmes ? Les premiers auraient embrassé l'Islam et adhéré à son message après s'être suffisamment renseignés sur ses principes. Les seconds, c'est par héritage ou par automatisme qu'ils l'ont connu. Or, penser son Islam est un acte de prière en soi qui finit par rapprocher l'individu à son Seigneur. Le philosophe américain Will Durant, l'écrivain irlandais George Bernard Shaw, Ghandi, Michael H. Hart, Alphonse de Lamartine, et d'autres personnalités de renommée universelle ont tous rendu témoignage à la Vérité de l'Islam : « De tous les serviteurs de Dieu, seuls les savants Le craignent véritablement, dit le verset coranique » (XXXV, 28)
L'absence de la raison dans la pratique de l'Islam, c'est ce que déplore l'islamologue franco-algérien Malek Chebel en disant :

> S'il y a un seul mot en arabe indispensable pour saisir l'essence de l'islam, c'est celui d'Ijtihad, qui veut dire « effort de compréhension » et par extension l'interprétation des textes coraniques de l'islam, leur adaptation à la marche du temps. (CHEBEL, *L'imaginaire arabo-musulman* 53)

Tant qu'elle ne fait l'objet d'une pensée analytique et critique et d'un Esprit tolérant et constructif, la Lettre en Islam demeurera insignifiante et les incompréhensions continueront à régner.

Nous sommes, finalement, persuadé que – comme en Optique - la vision de loin est toujours la plus nette. Il serait intéressant, à ce niveau, de croiser, deux discours religieux contemporains au sein de l'Islam : celui émanant d'Erudits arabo-musulmans et celui d'Erudits Musulmans non Arabes.

Bibliographie

Aït Sebbah, Fatna. *La Femme dans l'inconscient musulman*. Paris: Le Sycomore, 1982.

Bâ, Amadou-Hampaté. *Vie et enseignement de Tierno Bokar, le sage de Bandiagara*. Paris : Seuil, 1980.

Bâ, Mariama. *Une si longue lettre*. Dakar : Nouvelles Éditions Africaines, 1980.

Benjelloun, Tahar. *Harrouda*. Paris : Denoël, 1973.

- - -. *Entretien*, Al Maghrib, 23 Décembre, 1987.

Blachère, Régis. *Le Coran*. Paris : P U F, 1996.

Blanchot, Maurice. *L'Écriture du désastre*, Paris : Gallimard, 1980.

- - -. *L'Espace littéraire*, Paris : Gallimard, 1955.

- - -. *Le Dernier homme*, Paris : Gallimard, 1957.

Boétie, Etienne (de la). *Discours de la servitude volontaire*. Yann Forget. 11 juillet 2003 <http://www.forget-me.net/LaBoetie/servitude.pdf>.

Boudjedra, Rachid. *La répudiation*. Paris : Denoël, 1969.

Bouhdhiba, Abdelwahab. *La sexualité en Islam*. Paris : P U F, 1975.

Castex, Pierre Georges. *Conte fantastique en France de Nodier à Maupassant*. Paris : José Corti, 1951.

Césaire, Aimé. *Cahier d'un retour au pays natal*. Paris : Présence Africaine, 1947.

- - -. *Discours sur le colonialisme*. LDH Toulon, 23 mars 2005 <http://www.ldh-toulon.net/spip.php?article554>.

Chebel, Malek. *L'imaginaire arabo-musulman*. Paris : P U F, 2002.

Chirac, Jaques. Chirac, *l'inconnu de l'Elysée*, propos recueillis par Pierre Péan, 10 février 2007 <http://fr.news.yahoo.com/10022007/202/chirac-fend-l-armure-dans-un-livre-entretien-avec-pierre.html>.

Chraïbi, Driss. *Le passé simple*. Paris : Denoël, 1954.

- - - .« *Driss Chraïbi prend position* » TelQuel 15 Janvier 2005 <http://www.telquel-online.com/156/sujet4.shtml>.

Dejeux, Jean. *La Littérature maghrébine d'expression française.* Paris : PUF, 1992.

Dictionnaire de la langue française, Hachette Livre et Librairie Générale Française, 1993.

Faouzi, Abdelkabir. « *L'Enseignement et l'éducation dans l'œuvre de Mohamed AlMokhtar Al-Soussi. Région du Souss (XX siècle)* ». U Charles-De-Gaulle Lille3, 2003. 25 Septembre 2006 <http://documents.univ lille3.fr/files/pub/www/recherche/thèses/faouziabdelkabir/html/these_body.html>.

Ferry, Jules. « *Discours devant la Chambre des députés* », 28 Juillet 1885. 13 June 2006 <http://www.fdn.fr/~fjarraud/colonies.htm>.

Freud, Anna. *Le Moi et les mécanismes de défense.* Paris: PUF, 1949.

Freud, Sigmund. *Totem et tabou* (1913). Paris : Gallimard, 1993.

- - -. *L'Homme Moïse et la religion monothéiste* 1939. Paris : Gallimard, 1986.

GONTARD, Marc. *Violence du texte*, L'Harmattan/SMER, 1981.

Guérivière, Jean (de la). *Les Multiples visages de l'Islam noir* 05 Mars 2006. <http://www.african-geopolitics.org/show.aspx?ArticleID=3348>.

Gustave, Le Bon. *La Civilisation des Arabes.* Paris: Firmin-Didot, 1884.

Kane, Cheikh Hamidou. *L'aventure ambiguë.* Paris: Jalliard, 1961.

Khatibi, Abdelkebir. *Maghreb pluriel.* Paris : Denoël, 1983.

- - -. *Le Roman maghrébin.* Paris : Maspero, 1968

- - -. *Mémoire tatouée.* Paris : Denoël, 1971.

- - -. *Par-dessus l'épaule.* Paris : Aubier, 1988.

- - -. *Amour bilingue.* Montpellier : Fata Morgana, 1983.

Kourouma, Ahmadou. *Les soleils des indépendances*. Paris : Seuil, 1970.

- - -. *Monnè, outrages et défis*. Paris : Seuil, 1990.

- - -. *Allah n'est pas obligé*. Paris : Seuil, 2000. <http://www.magazine litteraire.com/content/recherche/article?id=8183>, Propos recueillis par Aliette Armel.

Laâbi, Abdellatif, « *Prologue* » Souffles 1, 1966, pp. 3-6.

Le Coran, traduit de l'arabe par KASIMIRSKI, préfacé par Mohammed Arkoun. Paris : Flammarion, 1986.

Memmi, Albert. *Portrait du colonisé. Portrait du colonisateur*. Paris : Gallimard, 1995.

- - -. *Portrait du décolonisé arabo-musulman et de quelques autres*. Paris : Gallimard, 2005.

Mernissi, Fatima. *Le Harem politique. Le prophète et les femmes*. Paris : Albin Michel, 1987.

- - -. *Sexe, idéologie et Islam*. Paris : Tièrce, 1983.

Petit Robert 1. *Dictionnaire de la langue française*, Nouvelle Edition revue, corrigée et mise à jour pour 1987, Copyright, Les Dictionnaires Robert-Canada S.C.C., Montréal, Canada.

Ramadan, Tarek. Débat : « *Parler de l'Islam est-il devenu tabou ?* » <http://www.lemonde.fr/web/chat/0,46-0@2-3224,55-815982,0.html>, 11 Septembre 2006.

Séfrioui, Ahmed. *La Boîte à merveilles*. Paris : Seuil, 1954.

- - -. *La Maison de servitude*. Alger : SNED, 1973.

- - -. *Le Chapelet d'ambre*. Paris : Julliard, 1949.

Serhane, Abdelhak. *Messaouda*. Paris : Seuil, 1983.

- - -. *L'amour circoncis*. Casablanca : Eddif, 2000.

Thomas, Louis-Vincent. *Les Religions d'Afrique noire. Textes et traditions sacrés*. Paris : Fayard/Denoël, 1969.

Viquesnel, Antoine. « *Les soleils des indépendances d'Ahmadou Kourouma* » <http://aviquesnel.free.fr/Direlire/kourouma-le-soleil-des-indépendances.htm>.

Religion aux éditions L'Harmattan

SAINTE THÉRÈSE DE L'ENFANT JÉSUS
L'amour rédempteur et la souffrance dans la théologie vécue
Rukundo Aimable Uwimana - Préface du Professeur François-Marie Léthel
Ce livre est le fruit d'étude et d'expérience sur la théologie de Sainte-Thérèse qui est une théologie vécue et mystique, marquée par une profonde christologie fondée sur la connaissance vivante de l'Amour rédempteur de Jésus.
(Coll. Eglises d'Afrique, 32.50 euros, 316 p.) *ISBN : 978-2-296-96355-9*

PERSISTANCE DE LA RELIGION
Perspectives comparées sur la spiritualité moderne
Cox Harvey, Daisaku Ikeda
Au XIXe siècle, Nietzsche proclama : «Dieu est mort». La science, la technologie, l'économie de marché et l'urbanisation ont fait l'objet d'une confiance et d'une croyance croissantes, semblant détrôner la place de la spiritualité. Fort heureusement, la religion n'est pas morte, le besoin de sens étant inéluctable. Dans ce dialogue, un théologien et un bouddhiste s'interrogent sur la direction que doivent prendre les mouvements religieux pour contribuer à un mieux vivre ensemble, dans un monde fragilisé par l'intolérance et l'extrémisme.
(13.00 euros, 184 p.) *ISBN : 978-2-296-99406-5*

ESSAI SUR LA LAÏCITÉ POSTCHRÉTIENNE
Fath Gérard - Préface de Pierre-André Dupuis
En un temps où la formation des maîtres se trouve privée d'espace de formation, ce livre indique des parcours et des lieux d'analyse susceptibles de conforter aussi bien les pédagogues et les éducateurs que le citoyen, dans l'idée que certains détours de lecture et de pensée donnent de l'air, de l'espace, des appuis pour préserver et repenser, en retour, les tensions constitutives de l'exigence laïque.
(Coll. Mouvements des Savoirs, 22.50 euros, 226 p.) ISBN : 978-2-296-99454-6

VÉRITABLE (LA) CROISSANCE DE L'ÉGLISE
Kouadio André
La croissance de l'Église est un thème majeur des études chrétiennes. Cet ouvrage commence par l'analyse de la croissance qualitative, car le véritable développement d'une église locale en est le résultat direct. Il traite donc de la question de la croissance qualitative, numérique et matérielle de l'Église.
(Coll. Harmattan Côte-d'Ivoire, 12.00 euros, 104 p.) ISBN : 978-2-296-96986-5

MANUEL DE PRIÈRE MUSULMANE
Questions et réponses
Modji Ndiaye Ousmane
Ce livre cherche à cerner les préceptes de la prière sous forme de questions et réponses. Il s'efforce de retracer les pratiques du Prophète, qui a spécifiquement ordonné aux musulmans de prier comme ils l'ont vu prier.
(Coll. Croyances du monde, 39.00 euros, 402 p.) ISBN : 978-2-296-56999-7

DE JÉSUS À CONSTANTIN
Comment le christianisme est devenu une religion
Froidure Jean
Jésus était Juif, il est mort Juif. Ce qui est devenu le christianisme a d'abord été une mouvance spirituelle, une «voie» à l'intérieur de la religion juive. Il en est sorti vers la fin du Ier siècle. Le christianisme naissant était-il une religion ? Le christianisme avait-il pour but de créer une société chrétienne ? Voici une étude approfondie du contexte historique dans lequel est né le christianisme.
(Coll. Religions et Spiritualité, 20.00 euros, 198 p.) ISBN : 978-2-296-96745-8

HISTOIRE LITURGIQUE DU XXE SIÈCLE
Enjeux et documents
Rouillé d'Orfeuil Matthieu
Même si, à l'image de beaucoup de systèmes cultuels, les rites catholiques ont connu une certaine stabilité, proche de l'immobilisme, après le Concile de Trente, la question liturgique est sortie de sa torpeur au XIXe siècle, à l'occasion de multiples contestations. Le XXe siècle fut ensuite une période de créativité particulièrement féconde. Cet ouvrage retrace les enjeux des évolutions des rites au siècle dernier.
(Coll. Religions et Spiritualité, 13.50 euros, 122 p.) ISBN : 978-2-296-96236-1

RELIQUES DE LA PASSION DU CHRIST
Beitia Philippe
Dans de prestigieux sanctuaires catholiques sont conservées les grandes reliques de la Passion. À Sainte-Croix-de-Jérusalem, à Rome, sont exposés des fragments et des clous de la croix et le *titulus crucis*, à Notre-Dame de Paris la couronne d'épines et des clous de la croix, à la cathédrale Saint-Jean-Baptiste de Turin le saint suaire. Ces reliques sont proposées à la vénération des fidèles. Ce livre retrace leur histoire.
(Coll. Religions et Spiritualité, 12.00 euros, 102 p.) ISBN : 978-2-296-99138-5

ANTHROPOLOGIE CHRÉTIENNE
De laubier Patrick
Ce recueil d'articles ou de chapitres d'ouvrages présente des éléments d'une anthropologie chrétienne le plus souvent d'inspiration thomiste. Il n'y a pas d'autre unité que la recherche de la vérité à propos de la personne humaine créée à l'image de Dieu, dans un temps où cette ressemblance est oubliée et même contredite théoriquement et pratiquement. Ces études ont servi de base à des conférences et des cours de l'auteur à différentes occasions en Europe, en Chine et au Brésil durant de nombreuses années.
(14.00 euros, 132 p.) ISBN : 978-2-296-99313-6

SPIRITUALITÉ (LA) DE L'ENFANT (nouvelle édition)
Entre l'illusion, le magique et le religieux
Soulayrol René
Et si l'enfant possédait à la naissance un don de spiritualité ? Une armature spirituelle sur laquelle se mouleraient les empilements de ses acquisitions et les hasards de ses rencontres avec le milieu ? Une prédisposition biologique à la transcendance ne vient-elle pas d'être confirmée récemment par les neurophysiologistes ? Bref, la spiritualité est une dimension à exploiter dans le développement de l'enfant en dépassant le préjugé qui la faisait confondre avec la religion.
(Coll. Psychologiques, 18.00 euros, 182 p.) *ISBN : 978-2-296-96099-2*

Y CROIRE ET EN RÊVER
Réussir dans le marketing relationnel de multiniveaux
Luca Nathalie
Dans les années 1960, aux États-Unis, des entrepreneurs chrétiens ont bâti des entreprises dont le mot d'ordre était la compassion. Le marketing relationnel de multiniveaux est né de cet idéal chrétien. Il s'agit d'un mode d'organisation de la vente directe qui permet aux vendeurs de recruter d'autres vendeurs et d'être en partie rémunérés par une commission sur les ventes des recrues. Des réseaux de distributeurs se forment de la sorte et se développent sur la scène internationale.
(Coll. Religions en questions, 22.00 euros, 224 p.) ISBN : 978-2-296-99256-6

ADORATION (L')
base de la rencontre entre chrétiens et musulmans
Cocard Hugues - Préface du père Maurice Borrmans
L'adoration est une prosternation de l'esprit et du corps devant la divinité. Si les chrétiens et les musulmans, à la suite des juifs, adorent un seul Dieu, ils le font cependant de deux manières différentes : à la lumière de la Bible pour les premiers, à la lumière du Coran pour les seconds. L'auteur travaille pour le dialogue interreligieux et enseigne sur le dialogue islamo-chrétien.
(26.50 euros, 254 p.) *ISBN : 978-2-296-99176-7*

ISLAM (L') DE L'AFRIQUE NOIRE
Sous la direction d'Iniesta Ferràn
Cet ouvrage collectif se veut une introduction à l'islam dans le monde négro-africain. De quelle manière le code musulman affecte-t-il la vie des femmes sur le continent ? Quand l'islam s'est-il étendu en Ouganda ? Pourquoi son déploiement à Madagascar est-il une légende difficilement vérifiable ? Pourquoi certains parlent d'un islam en Afrique alors que d'autres affirment qu'il existe un islam noir ?
(23.00 euros, 234 p.) *ISBN : 978-2-296-57038-2*

PENSÉES THÉOLOGIQUES ET COMMUNICATIONNELLES POUR L'AFRIQUE DU 21ÈME SIÈCLE
Comment l'Afrique peut-elle défendre son identité dans le jeu universel ?
Barbey Francis, Ogui Gaston
Comment est-il possible pour l'Afrique de vivre aujourd'hui sa particularité culturelle sans se fermer aux autres ? Et comment s'ouvrir aux autres sans

perdre sa particularité culturelle ? Les deux auteurs essaient de proposer quelques pistes de réflexion à partir et autour de l'événement Jésus-Christ qui devient un questionnement et un défi pour l'homme de tout temps et de toute culture.
(Coll. Églises d'Afrique, 13.50 euros, 120 p.) *ISBN : 978-2-296-96093-0*

POUR COMPRENDRE LE DROIT DE LA VIE CONSACRÉE
Kaziri Pierre
L'Église qui est sainte appelle ses fils et filles à la sainteté. La réponse à cet appel varie selon les conditions et le don de chacun. Depuis des siècles et sous diverses formes, de nombreux chrétiens, en quête de la sainteté, ont embrassé la vie consacrée comme moyen de suivre le Christ de plus près. Aujourd'hui, quelle image pouvons-nous avoir de cet état de vie ? Quelle sont sa nature et sa finalité ?
(Coll. Eglises d'Afrique, 21.00 euros, 208 p.) *ISBN : 978-2-296-99395-2*

LOS JOVENES EN LA ESPERANZA
Cronicas de una Invitacion a la vida
Tomo 6
Trubert Yvonne
Los Jóvenes en la Esperanza constituye el sexto tomo de las entrevistas que Yvonne Trubert concedió al Libro de Invitación a la Vida, revista de esta asociación epónima. A través de temas como la comunicación, los jóvenes, nuestras raíces terrestres, nuestros orígenes celestiales y la inteligencia, Yvonne Trubert nos invita a emprender el camino de la transformación interior.
(14.50 euros, 142 p.) *ISBN : 978-2-296-57040-5*

TOWARD THE ONE WHO IS
Chronicle of invitation to life
Volume 4
Trubert Yvonne
Toward the One Who Is, the fourth book of interviews that Yvonne Trubert granted to the Book of IVI, the association's newspaper under her name, touches topics such as Health, Water, the Pilgrimage, Inner Peace and Volunteerism. She offers elements of reflection dedicated to the most routine concerns as well as the more subtle questions about the fate of man and his place in the cosmos. Overall, two issues dominate: the power of love and the divine presence.
(13.50 euros, 122 p.) *ISBN : 978-2-296-99589-5*

L'HARMATTAN, ITALIA
Via Degli Artisti 15; 10124 Torino

L'HARMATTAN HONGRIE
Könyvesbolt ; Kossuth L. u. 14-16
1053 Budapest

ESPACE L'HARMATTAN KINSHASA
Faculté des Sciences sociales,
politiques et administratives
BP243, KIN XI
Université de Kinshasa

L'HARMATTAN CONGO
67, av. E. P. Lumumba
Bât. – Congo Pharmacie (Bib. Nat.)
BP2874 Brazzaville
harmattan.congo@yahoo.fr

L'HARMATTAN GUINÉE
Almamya Rue KA 028, en face du restaurant Le Cèdre
OKB agency BP 3470 Conakry
(00224) 60 20 85 08
harmattanguinee@yahoo.fr

L'HARMATTAN CAMEROUN
BP 11486
Face à la SNI, immeuble Don Bosco
Yaoundé
(00237) 99 76 61 66
harmattancam@yahoo.fr

L'HARMATTAN CÔTE D'IVOIRE
Résidence Karl / cité des arts
Abidjan-Cocody 03 BP 1588 Abidjan 03
(00225) 05 77 87 31
etien_nda@yahoo.fr

L'HARMATTAN MAURITANIE
Espace El Kettab du livre francophone
N° 472 avenue du Palais des Congrès
BP 316 Nouakchott
(00222) 63 25 980

L'HARMATTAN SÉNÉGAL
« Villa Rose », rue de Diourbel X G, Point E
BP 45034 Dakar FANN
(00221) 33 825 98 58 / 77 242 25 08
senharmattan@gmail.com

L'HARMATTAN TOGO
1771, Bd du 13 janvier
BP 414 Lomé
Tél : 00 228 2201792
gerry@taama.net

Achevé d'imprimer par Corlet Numérique - 14110 Condé-sur-Noireau
N° d'Imprimeur : 91777 - Dépôt légal : octobre 2012 - *Imprimé en France*